100 *Orte*
in der StädteRegion Aachen
& Umgebung

Rolf Minderjahn

100 *Orte* in der StädteRegion Aachen & Umgebung

GEV

www.gev.be
buchverlag@grenzecho.be

ISBN 978-3-86712-171-2
D/2022/3071/4

Lektorat: Camilla van Heumen M.A., Köln (D)
Layout: GEV, Eupen

Printed in EU

Inhalt

SuperC-Gebäude RWTH-Aachen

Ratskeller/Postwagen in Aachen

UMGEBUNG

BELGIEN

Blauer Boulevard in Hasselt

NIEDERLANDE

Vorwort

Liebe Leserinnen und Leser!

Wer mich kennt, weiß, dass ich viel und seit Jahrzehnten in Belgien unterwegs bin. Und ich liebe die Region des Dreiländerecks Belgien, Deutschland, Niederlande. Es ist sehr bereichernd, diesen verschiedenen Kulturen nahe zu sein. Und es macht ungeheuren Spaß, dies an meine Leserinnen und Leser weiterzugeben. Das Füllhorn an Freizeitqualität soll mit diesem Buch über die StädteRegion Aachen weiter gespeist werden. Trotz vieler Widrigkeiten wie Pandemie und Flut war es für mich klar, dieses Buch auf jeden Fall zu Ende zu schreiben. Es gibt einen vielseitigen Überblick über die Sehenswürdigkeiten, Freizeitaktivitäten und Kuriositäten in dieser Region und ist eine gute Kombination mit den beiden Büchern „100 Orte in den Ardennen" und „100 Orte in Lüttich". Aachen, Alsdorf, Baesweiler, Eschweiler, Herzogenrath, Monschau, Stolberg und Würselen sowie die Gemeinden Simme-

Ehemalige Kraftzentrale, das Langhaus, im Annapark Alsdorf

Casino von Spa

rath und Roetgen bilden die sogenannte StädteRegion Aachen. Ja, ich habe meine Heimat wieder und vor allem neu entdeckt. Und was habe ich bis dato alles verpasst. In diesem Buch finden Orte Platz, die man regelrecht suchen muss. Auch die vielen neuen Museen, Locations und Anziehungspunkte sind echte Pfunde für die Region. Es tut sich was, trotz aller Umstände. Das Buch wendet sich selbstverständlich auch an Auswärtige, Langjährig-hier-Wohnende und Zugezogene sowie an Jüngere und Ältere. Die Spinngewebe der Historie sind oft verschwunden, und wo sie noch vorhanden sind, stören sie das Erlebnis nicht. Ein Mix aus Neugierde und Freude zu spannenden Themen soll herausgekitzelt werden. Hinaus und hinein in die Natur soll es gehen. Kaiser und Zaren waren hier, noch heute sind ihre Spuren nachzuvollziehen. Große Künstler und Baumeister wirkten in der Region, aber auch Menschen, die mit ihrer Hände harter Arbeit die Region aufblühen ließen. Von Bismarcks Denkmal und Dürers Aufenthalt bis zum einmaligen Museum der Eisskulpturen, von Backsteinbau bis zu E-Mobilität und Virtual Reality – das Freizeitbuffet hält viele Gänge bereit … Apropos: genießen geht genial gut, länderübergreifend, vom Dorf bis in die Domaine. Lassen Sie sich das alles munden …

Rolf Minderjahn, im Dezember 2021

Die StädteRegion Aachen

Liebe Leserinnen und Leser!

1

Endlich ist es da! Auf diesen kurzen Nenner kann ich das neue Buch des weit über die Region hinaus bekannten und geschätzten Reisejournalisten Rolf Minderjahn bringen, das Sie gerade in den Händen halten. Da kommt ein Autor aus der StädteRegion – genau genommen aus meiner Heimatstadt Stolberg – und schreibt erst unzählige Bücher und zugegebenermaßen sehr lesenswerte Reiseführer über die Ardennen, Lüttich, Mons und Südlimburg, um nur einige zu nennen, ehe er sich endlich seiner eigenen Heimat widmet.
„Willst du immer weiter schweifen? Sieh, das Gute liegt so nah." Der Vers aus Goethes Erinnerungen passt hervorragend auf „100 Orte in der StädteRegion Aachen und Umgebung." Seit 2009 gibt es die StädteRegion Aachen als Gebietskörperschaft mit insgesamt gut 555.000 Einwohnerinnen und Einwohnern. In der historisch gewachsenen Region gab es lange Jahre eine verwaltungstechnische Trennung in Kreis Aachen und Stadt Aachen. Das entsprach zu keiner Zeit den gemeinsamen geschichtlichen Wurzeln und dem Alltagsverständnis der Menschen zwischen Kalterherberg im Süden und Puffendorf im Norden. Wir sind eine Region und müssen auch gemeinsam auftreten, wenn

Kornelimünster

wir stark sein und stark bleiben wollen. Das gilt umso mehr in Zeiten des Strukturwandels nach dem baldigen Ende der Braunkohle. Hier ist es elementar, dass wir gemeinsam die Zukunft gestalten und mit einer starken Stimme sprechen.

Es gibt also viel zu tun für uns alle in den kommenden Jahren. Ganz wichtig sind – besonders in Zeiten der Pandemie – deshalb die Erholungsphasen. Gerade aufgrund der immer neuen und nicht enden wollenden Reisebeschränkungen wendet sich der Blick dabei verstärkt auf die vielen Orte in unserem engeren Umfeld, die einen Besuch, einen Tagesausflug oder eine Reise wert sind. Und davon haben wir in der StädteRegion Aachen tatsächlich etliche. Ich behaupte sogar, mehr als die Auswahl der 100 beschriebenen. Und dennoch gibt es in dem lesenswerten Buch auch für mich noch viel Neues zu entdecken. Beim ersten Durchblättern hat mich noch einiges überrascht, dass mich zu dem ein oder anderen Ausflug mit meiner Familie führen wird. Eines haben übrigens die StädteRegion Aachen und „100 Orte ...“ gemeinsam: Sie sind beide spannend, schön und stark.

Ich wünsche Ihnen viel Freude bei der Lektüre

Ihr

Dr. Tim Grüttemeier
(Städteregionsrat)

Das StädteRegionshaus

2

Das Angenehme mit dem Nützlichen verbinden

Der Komplex der Gebäude der StädteRegion an der Zollernstraße 10 liegt in unmittelbarer Nähe der vielleicht prächtigsten Straße von Aachen, der Oppenhoffallee. Dadurch können nicht nur die mehr als 2.000 Mitarbeiter dieser Behörde, sondern auch die Besucher, die Gelegenheit nutzen, ins Frankenberger Viertel um Oppenhoffallee, Bismarckstraße und Viktoriallee zu gehen. Denn das mausert sich immer mehr zum Ausgehviertel, ob morgens, mittags oder abends. Eine Reihe neuer Restaurants, Bistros und Cafés hat seit 2021 dort die Türen geöffnet. Küchen internationaler Ausrichtung sind hier mittlerweile zu Hause. Dabei sind nicht nur die Namen der Lokale originell, sondern auch ihre Kreationen. Im „Napoli72h“ ruht der hausgemachte Pizzateig 72 Stunden, für original neapolitanische Pizzen. Im „Biss-Markt“, an der Bismarckstraße 89, gibt es eine vielfältige Karte mit Gerichten zu moderaten Preisen, das Ambiente überrascht mit glänzenden Metallrohren an der Decke und großen kupferfarbenen Lampen. Neben den alteingesessenen Adressen wie dem „Insulaner“ gibt es ein französisches Feinschmeckerlokal, das „Plaisir“, in der Schlossstraße 16. Im „Fat Baby“ an der Oppenhoffallee 109 wird koreanische Hausmannskost in Form von Bowls angeboten, ebenfalls asiatisch wird im „Kim&“ gekocht, während das etablierte „Hobo“ schräg gegenüber (an Nummer 46) nach wie vor eine schicke „In-Location“ mit goldfarbenen Wänden, Spiegeln und Vitrinen ist. Fuchs und Hase sagen sich im Viertel nicht gute Nacht, denn die beiden gleichnamigen Cafés sind sehr lebendig, zudem Bio-und Gesundküchen orientiert. Auch das darf nicht fehlen: Die Bar Cantona mit den großen Bogenfenstern an der Bismarckstraße 47 ist nach dem französischen Fußballstar Éric Cantona benannt, dessen Bild über der Bar hängt.

napoli72h.de | bissmarkt.com | plaisir-aachen.de | hobo-aachen.de

cafe-hase.de | fuchsnaturalfood.de | diebarcantona.de

Das StädteRegionshaus
Oppenhoffallee

Das Suermondt-Ludwig-Museum

3

Dürer war hier

Es bildet zusammen mit dem Ludwig Forum und dem Couven-Museum das Terzett der großen Kunstmuseen von Aachen. Dass Aachen auf der großen internationalen Bühne mitspielen kann, beweist es jährlich vor allem beim CHIO und dem Karlspreis. Mit der Ausstellungstrias „Dürer – Karl V. – Aachen" ab dem 23. Oktober 2020, exakt 500 Jahre nach der Krönung Karls V. in der Kaiserstadt, gelang der Stadt ein großer Wurf auf dem Terrain der Kunstausstellungen auf Weltniveau. Das gilt insbesondere für den Höhepunkt der Trilogie, „Dürer war hier. Eine Reise wird Legende" vom 18. Juli bis 24. Oktober 2021 im Suermondt-Ludwig-Museum. Sie galt 2021 als eine der top fünf Kunstausstellungen weltweit. Dürers Beziehung zu Aachen im Rahmen der Kaiserkrönung Karls V. im Aachener Dom ist legendär. Dürers dreiwöchiger Aufenthalt in Aachen Mitte Oktober 1520 soll ihm viel Freude und Inspiration bereitet haben. Die Abteilung Druckgraphik des Suermondt-Ludwig-Museums legt einen Schwerpunkt auf die deutsche Graphik des 15. und 16. Jahrhunderts mit zahlreichen Blättern von Albrecht Dürer und seinen Zeitgenossen. (Aufgrund ihrer Lichtempfindlichkeit sind die Objekte nicht in der ständigen Sammlung ausgestellt). Leider existiert die früher bekannte, schon legendäre Gastro-Adresse Albrecht-Dürer-Stube nahe dem Dom seit 2017 nicht mehr. Der Besuch des Suermondt-Ludwig-Museums ist ein Kunstgenuss. Es wurde 1883 von Aachener Bürgern privat gegründet und nach seinem ersten großen Stifter, Barthold Suermondt, benannt. Suermondt stiftete beispielsweise Werke von Lucas Cranach dem Älteren und Rembrandt. Später kamen bedeutende Stücke aus der Sammlung Ludwig hinzu, woraus dann der Doppelname des Museums entstand: Suermondt-Ludwig. Beheimatet ist das Museum im Stadtpalais Villa Cassalette in der Wilhelmstraße seit 1901. Heute hat es auch einen modernen Anbau. Von großer Bedeutung ist die Sammlung mittelalterlicher Skulpturen. Sehenswert ist die Bibliothek mit ihren Deckenausschmückungen im Erdgeschoss.

suermondt-ludwig-museum.de

Großartige Sammlungen in grandiosen Räumen im Suermondt-Ludwig-Museum

Das internationale Zeitungsmuseum

4

Großes Haus von Aachen

In der Pontstraße gibt es manche Institutionen, wie das Café Kittel, das Printenhaus Roderburg oder das Egmont. Diese und weitere kulinarische Adressen rahmen eine andere Besonderheit, eine einzigartige Einrichtung und eine weltweit anerkannte Institution ein: das Internationale Zeitungsmuseum (IZM). Einmalig ist die Sammlung von etwa 200.000 internationalen Zeitungen (vorwiegend Erst-, Letzt- und Jubiläumsausgaben) aus, sage und schreibe, fünf Jahrhunderten. Sie erzählen große Geschichte und welthistorische Ereignisse. Basierend auf der Zeitungssammlung von Oscar von Forckenbeck, vom Ende des 19. Jahrhunderts, die das Ziel hatte, ein Exemplar jeder Zeitung zu besitzen. Das Resultat: ein außergewöhnlicher Rundblick durch die Jahrhunderte, durch fast alle Presseexemplare der Welt und durch alle Arten von Zeitungen. Das IZM ist fest in die regionale Kulturszene eingebunden und Teil der Route Charlemagne. Neben Dauer- und Wechselausstellungen kann die Bibliothek mit über 3.000 Büchern zur Mediengeschichte für Recherchezwecke besucht werden, ebenso wie das Archiv. Im Museum werden große Themen behandelt wie Medien für Massen. Eine großformatige Präsentation lädt dazu ein, die Geschichte des Lesens von den ältesten Tontafeln bis zur Zeitung auf dem Mobiltelefon nachzuerleben. Im Fokus steht die Presse- und Medienfreiheit, Stichwort „Fake News". Ausgewählte Exponate – Zeitungen, die der Zensur zum Opfer gefallen sind – hinterlassen einen nachhaltigen Eindruck. Im begehbaren „Ei" kann der Besucher am eigenen Leib erfahren, was mediale Reizüberflutung ausmacht. Das sogenannte große Haus von Aachen aus dem 15. Jahrhundert in der Pontstraße 13, in dem das Museum untergebracht ist, hätte selbst schon für genug Schlagzeilen gesorgt. Der erste Hausherr, Heinrich Dollart, wurde hingerichtet. Seit 1660 im Besitz der Stadt, beherbergte es später die Stadtwaage und diente als Zollstation und Polizeiwache. Auch das Gefängnis war dort einmal ansässig. 1931 zog schließlich das Zeitungsmuseum ein.

izm.de

Das Internationale Zeitungsmuseum mit Café Kaffeesatz. Kaffee, Snacks und Zeitungslektüre. Treffpunkt und Ort des Austauschs.

Der Campus Boulevard

Ein Blick auf die Zukunft

5

Die spektakuläre Architektur einer Forschungslandschaft. Seit 2009 befinden sich sechs sogenannte Cluster mit über 30 Centern auf dem Campus Melaten am Aachener Klinikum in der Realisierung: Biomedizintechnik, Nachhaltige Energie, Photonik, Produktionstechnik, Schwerlastantriebe und Smart Logistik. Über 400 Unternehmen engagieren sich bereits als Mitglieder auf dem RWTH Aachen Campus. Es entsteht eine der größten Forschungslandschaften Europas. Es sind insgesamt 16 Cluster geplant. Das Projekt RWTH Aachen Campus dürfte insgesamt wohl mehr als 20 Jahre in Anspruch nehmen. Auf dem Campus Boulevard, so etwas wie der „Campus Champs Élysées", ein Viertel der Forschung und Zukunftsgestaltung, stehen topmoderne Juwelen der Architektur teils in Reih und Glied. Jedes mit einer imposanten individuellen Gestaltung und renommierten Architektenteams verbunden. Beispielsweise das Cluster Smart Logistik des Architekturbüros Meyer & Van Schooten aus Amsterdam, das Cluster Produktionstechnik des Henn Architekturbüros aus München oder das Cluster Photonik der KPF mit Hauptsitz in New York. Im Cluster Schwerlastantriebe steht ein Koloss eines Windkraftanlagen-Prüfstandes. Auf dem Gelände sichtbar, logisch, überall Zukunftstechnik im Alltag: E-Autos, E-Bikes und E-Scooter, keine gedruckten Speisekarten, nur per Barcode oder Tablet. Der Campus Melaten wird sehr wohl auch mit sozialem Leben erfüllt. Das betrifft nicht nur den Bereich Wohnen, sondern auch Funktionalität im täglichen Leben: Kitas, Banken, Gastronomie … Es lohnt sich also, dieses Gebiet einmal zu erkunden. Zudem sind die Fernblicke auf Aachens Tal und das Uniklinikum beeindruckend, ebenso wie die Sonnenuntergänge. Beispielsweise vom Restaurant Boulevard 30 aus (siehe auch Restaurant Forckenbeck, Forckenbeckstraße 61).

Tipp: Kaiser Karls Garten in der Nähe

blvd30.de

Die Future Mile, am Campus Boulevard Melaten

Das Centre Charlemagne

Herzkammer der Stadtgeschichte Aachens

6

Das Centre Charlemagne, das Zentrum Karls des Großen (auf frz. und engl.: Charlemagne), liegt am Katschhof. Es wurde 2014 in einem ehemaligen Verwaltungsgebäude eingerichtet, das unter Denkmalschutz steht. Natürlich gibt es keinen passenderen Platz für ein Stadtmuseum als am Katschhof, dem ehemaligen Innenhof der Kaiserpfalz. Das Museumsgebäude fällt durch seine hellen ausladenden Glasfronten auf, in denen sich alles spiegelt. Vor allem spiegelt sich die Geschichte Aachens und ein Teil der Geschichte Europas hier wider. Das Gebäude muss auch auffallen, schließlich liegt es zwischen den beiden Monumenten Aachens, dem Rathaus (nach hinten hinaus übrigens mit der schönsten Terrasse Aachens, Ratskeller/Postwagen) und dem Dom, die allein permanent alle Blicke auf sich ziehen. Und das Museum hat Aufmerksamkeit verdient. Es ist der Ausgangspunkt der sogenannten Route Charlemagne, die die neun bedeutendsten Stationen der Aachener Geschichte verbindet. Ein echtes Pfund in Sachen Stadtparcours. Aachen und Europa, die beiden sind seit der Epoche Karls eng miteinander verbunden. Vier Epochen werden insgesamt in den Abteilungen des Museums in der Dauerausstellung behandelt: die Pfalz Karls des Großen, Stadt der Krönungen, Aufbruch in die Moderne und Aachen erfindet sich neu. Wechselausstellungen, ein museumspädagogischer Bereich und ein Café runden das Angebot des Centre Charlemagne ab. In der Ausstellung ist das Original der lebensgroßen Bronzestatue Karls zu sehen, die der Besucher als Kopie am Marktbrunnen kennt. Die Geschichte Aachens ist alt und großartig. Ihren ganzen Facettenreichtum beleuchtet dieses famose Museum modernster Prägung.

centre-charlemagne.eu

Alles von Karl – das Museum Centre Charlemagne

Die archäologische Vitrine Elisengarten

7

Platz nehmen, 5.000 Jahre Stadtgeschichte im Blick

Er erstrahlt wieder frisch weiß getüncht, der Elisenbrunnen im Stadtzentrum. Dahinter als feiner Kontrast das helle Grün der Rasenflächen des Elisengartens, mit einer wunderschönen Gastroterrasse als Sonnenseite. So wie es sich für eine Bäderstadt gehört. Jetzt wird hier nach Herzenslust gechillt, auf Bänken im Park oder einfach auf dem Rasen, ganz gleich, ob Aachener oder Besucher. Hier lässt sich prima verweilen, die Qualität eines Aufenthalts im Herzen der Stadt ist deutlich spürbar. Und es gibt noch eine Besonderheit dazu: Der archäologische Pavillon mit seinen Metallverstrebungen verleiht dem Ganzen eine historische Dimension und ist rundherum einsehbar. 5.000 Jahre Stadtgeschichte werden in einer archäologischen Vitrine auf einer Fläche von 160 Quadratmetern dargestellt. Hier kann man sehen, dass Aachen seit der Jungsteinzeit besiedelt ist und dass mehrere Grabungsstufen von steinzeitlichen und keltischen Funden über solche aus der Römerzeit, der karolingischen Zeit und dem Mittelalter bis hin zu neuzeitlichen Elementen präpariert wurden, zur Freude des staunenden Publikums. Überreste all dieser Epochen entdeckten Archäologen bei ihren Grabungen zwischen 2007 und 2010. Verschiedene Informationstafeln in Deutsch und Englisch sind mit entsprechenden Erläuterungen versehen. Und es ist nicht das einzige sogenannte archäologische Fenster in Aachen. Es kommen ebensolche im Dom, am Aachener Rathaus, in der Klappergasse, der Rennbahn und am Templergraben hinzu. Ergänzend soll erwähnt werden, dass die Schaukästen von verschiedenen Sponsoren finanziert und der Stadt Aachen gestiftet wurden. Und es gibt noch archäologische Fenster im Privatbesitz bzw. in privaten Gebäuden, die nur zeitweise der Öffentlichkeit zugänglich oder nur von außen einsehbar sind, wie beispielsweise Teile der römischen Büchelthreme in der Front der Mayerschen Buchhandlung, die jetzt zum Buch- und Kaffeehaus umgestaltet wurde (siehe Ort 10).

Das archäologische Fenster am Elisengarten –
flanieren und Archäologie studieren

Das Domlädchen

Naschereien seit mehr als 125 Jahren

8

Für viele Alt-Aachener ist es eine Kindheitserinnerung, die immer noch real ist. Besucher müssen die winzige Bonbon-Boutique erst einmal finden, im nahen Umfeld des riesigen Aachener Doms. An ihrem blauen Fensterkasten vor der rot gestrichenen Mauer am Münsterplatz 21 ist sie gut zu erkennen. Es besteht seit 1896, das Domlädchen, mit nur 17 Quadratmetern Fläche. Es ist allerdings, wie vom Namen her zu vermuten wäre, kein Souvenirshop mit Bezug zum Dom. Nein, es ist ein Paradies voller Naschwerk. Lakritze über Lakritze, an die 140 Sorten sollen es sein. Dazu gesellen sich Drops, Bonbons, Pastillen, Kaugummis, Brause, Lollis, Mandeln, Karamell und Marzipan, Schokolade oder original Aachener Dresse Nougat ... auch glutenfrei und vegan. Beratung inklusive. Aus der ganzen Welt, das sei gesagt, stammen Klassiker wie auch Ausgefallenes. Ob Skandinavien oder die Niederlande. Vieles arrangiert in Gläsern und in weißen Wandschränken präsentiert. Was der Kunde aus den Gläsern aussucht, wandert in ein rosarotes Papiertütchen, Stück für Stück, und wird auf der traditionellen Waage abgewogen. Oder man kauft gleich eine fertige „Bunte Tüte", original Marke Domlädchen. Lecker zusammengestellt in diesem bezaubernd bunten Zuckerladen. Pippi Langstrumpf hätte ihre Freude daran. „So bekommt Ihr immer Eure Portion Glück in der Tüte, egal ob Frühling, Sommer, Herbst oder Winter", heißt es auf der Internetseite. Probieren lohnt sich. Und warum nicht ein süßes Souvenir aus Aachen mitnehmen? Denn schließlich ist die Domstadt ein Riese in Sache Süßigkeiten. Aachen ohne Printen geht gar nicht, bei Größen wie Lambertz und Nobis und vielen kleineren Bäckereien. Und auch die Schweizer Lindt und Sprüngli, Erfinder des Conchierens (kneten und rühren der Kakaomasse), halten einen bedeutenden Produktionsstandort in Aachen sowie einen Werksverkauf in der Süsterfelderstraße 130.

domlaedchen-aachen.de

Wie wär's mit einem originalen Aachener Dresse Nougat im Domlädchen?

Die Grotesque Absinth-Bar

9

Grüne Fee und Roaring Twenties
bei der Heure verte

Swingmusik dringt nach draußen. Es ist gegen 17 Uhr an einem Mittwoch in Aachen, in Domnähe, kurz, bevor die Bar öffnet. Inhaber Stefan Kinting übt sich an seinem Klavier. Letzteres ist nur eines von vielen Sammlerstücken, die das Dekor der Grotesque Bar an der Rennbahn 1 ausmachen. Dieses Kleinod scheint aus der Zeit gefallen, aber bewusst. Denn hier wird ein Kultgetränk im Ambiente der 1920er-Jahre zelebriert – der Absinth. In unserer Region selten zu finden, gibt es ihn hier in zig Sorten. Wie man das Ritual des Trinkens dieser legendären Spirituose perfekt inszeniert, weiß Stefan Kinting ganz genau. Schließlich ist es bei ihm Leidenschaft und Beruf zugleich. Die „grüne Stunde“, die „Heure verte“ oder auch „l'heure à l'absinthe“ naht. Der Moment zwischen 17 und 19 Uhr, an dem die Pariser in den Cafés ihren Absinth trinken. Die meisten Absinthe (Artemisia Absinthium) sind grün, daher wird Absinth auch „die grüne Fee“ genannt. Es ist ein Wermut, der es in sich hat, üblicherweise zwischen 45 und 89 Volumenprozent. Kenner trinken ihn beim Ritual der Absinth-Fontäne, einer Glaskaraffe mit vier Hähnen, aus denen jeweils eiskaltes Wasser auf einen Löffel tropft, auf dem ein Stück Zucker liegt, der dann in das darunter befindliche, typische Glas mit Absinth tropft, bis dieser ganz milchig geworden ist. Ein herrliches Anisaroma macht sich bemerkbar. Wer bei der Auswahl beraten werden möchte, dem steht der Wirt sachkundig zur Seite. Trinken ist das eine, das Ambiente das andere. Beide harmonieren zu einem gastronomischen Erlebnis. Die Bar ist klein, gemütlich, man kommt schnell ins Gespräch. In den tiefen Sesseln am Kamin oder an einem langen Wohnzimmertisch im Stil der 1920er-Jahre. Swing und Jazzmusik untermalen das Ganze, beim Genuss von Drinks und Spezialitäten wie den Creations of the Mythos etwa in Form des Murder's Night Grotesque Special. Passend zu Krimiabenden, Rollenspielen und Literaturkreisen. Detailverliebten werden all die originellen Schmuckstücke an Dekorobjekten nicht entgehen. Wer zur Toilette muss, fragt am besten gleich nach, denn der Gang dorthin ist hinter einer Geheimtür in der Bücherwand versteckt.

grotesque-bar.de

Natürlich gibt's in dieser Bar auch andere Getränke, mit und ohne Alkohol.

Das Mayersche Buch- und Kaffeehaus

10

Stoff für Geist und Magen

Sie gehört seit mehr als 200 Jahren zu Aachen wie der Dom. Die Mayersche Buchhandlung. Der Anlaufpunkt in der Stadt zum Thema Kultur und Unterhaltung durch Medien aller Art, vor allem durch das gute alte Buch. Satte 4.500 Quadratmeter Fläche auf vier Etagen im Stammhaus. Jede Etage mit modernem individuellem Auftritt. Die Details sind spannend. Etwa die Dekoration des Rolltreppenumfeldes mit schwebenden Buchseiten. Am großzügigen, offenen Eingangsbereich geht man nicht einfach vorbei. Zu verführerisch sind die Auslagen an Büchern, Bildbänden, Dekoartikeln, Geschenken, Spielwaren … und nun auch an Gastronomie. Im Herbst 2021 wurde nach monatelangem Umbau auf allen Etagen das Haus unter einem neuen Konzept als Buch- und Kaffeehaus eröffnet. Insgesamt sind es 800 Quadratmeter, auf denen vier unterschiedliche gastronomische Angebote bereitstehen. Die Genussinseln, die schon vorher bestanden, sind nun konzeptionell und inhaltlich noch einmal aufgewertet und erweitert worden. Sie sollen einen wichtigen Aufenthaltsbereich im gesamten Haus darstellen, und damit mehr Verweilqualität bieten. Insgesamt verfügt die Mayersche damit über 250 gastronomische Sitzplätze. Direkt rechts am Eingang im Erdgeschoss befindet sich das neue J. A. Mayer Bistro mit Art-déco-Elementen in braun, gelb und orangenen Farbtönen. An den Wänden leuchten stylische M-Logos im Retrolook, die Terrasse mit Bestuhlung geht auf den Bürgersteig hinaus. Hier wird dem Gast rustikale Hausmannskost, beispielsweise Grünkohl mit Mettwürstchen, Eintöpfe und Gemüse mit Frikadellen oder Sauerbratengulasch, serviert. Dazu kommt eine ausladende Theke mit Kuchen und Snacks in der Auslage. Vom Bistro geht direkt ein Durchgang zur Buchhandlung, wo es passenderweise natürlich auch Kochbücher gibt.

mayersche-aachen.de

Schmökern mit herrlicher Aussicht auf den Dom

Das Kindercafé im Mayerschen Buch- und Kaffeehaus

11

Gastro-Oasen und Spielwiesen

In der Tat gilt der Indoorspielplatz auf der ersten Etage als der größte in Aachen, und das in einer Buchhandlung. Waren es zunächst nur Karussell und Feuerwehr, so steht jetzt ein ganzes Café namens „Teddy & Fridolin" für die Kleinen zur Verfügung. Bühne, Bällebad, Spielhaus, Leseecken, Krabbeltunnel, Riesenteddys, Ballonlampen sowie Empore und eine Kaffeetheke in kindgerechter Höhe im skandinavischen Design bilden eine Welt, wie sie Kindern gefällt. Hier können die Kids loslegen und ihre Eltern beruhigt sein. Komplettiert wird das Ambiente durch die Spielzeugabteilung und mittwochs eine Märchenstunde. Wer sich ein Krönchen aufsetzen möchte, kann seinen Kindergeburtstag vor Ort ausrichten. Feiern im Kinderparadies mitten in der City. Auf der zweiten Etage des neu gestalteten Hauses dominiert die klassische Bücherregalwelt. Diese Beletage punktet mit den Vorzügen des „Kaffee Fleck"-Konzepts inklusive Vitamin-Bar und großer Kuchenauswahl. Kronleuchter, Buch-Lampenschirme und schicke Ledersitzbänke untermalen den grandiosen Blick Richtung Dom und Elisengarten. Auch im dritten Stockwerk gibt's natürlich Bücher. Für zusätzliche Wohlfühlmomente ist dort das Loft & Garden Coffee gestaltet worden, drinnen wie draußen auf der Dachterrasse im sogenannten Used- oder Industrial-Look mit großen Tischen und Fundstücken vom Flohmarkt. Freies WLAN und Workspaces sind inklusive. Die mittlerweile kultigen Bowls, vegane und andere Gerichte zielen auf eine junge Generation. Auf der Dachterrasse lebt der Literaturgarten neu auf: mit neuer Bepflanzung, Lichterketten, Biertischen, Liegestühlen, einer kleinen Arena und einem bunten Kräutergarten für die Küche.

Spielwiese für angehende Leseratten

Das Mies-van-der-Rohe-Museum

12

Endlich eine Heimat für den berühmten Sohn der Stadt Aachen

Nun hat er doch sein eigenes Museum in seiner Heimatstadt bekommen. Aachens großer Sohn, Ludwig Mies van der Rohe, der mit seinem schöpferischen Geist und den damit einhergehenden Bauwerken zu den renommiertesten Architekten weltweit zählt. Geboren 1886, entwickelte sich Mies van der Rohe vom rheinischen Handwerkslehrling bis zum Direktor des Bauhauses in Dessau sowie zum weltweit agierenden Architekten. In Aachen existiert nicht viel von ihm. Als erstes Projekt, an dem Mies van der Rohe offiziell gearbeitet hat, gilt das Haus Oeben. Das Wohnhaus, das im Erdgeschoss eine Gaststätte beherbergt, wurde von dem Sozialdemokraten und Gastwirt Joseph Oeben von 1904 bis 1905 errichtet. Allerdings hat sich der in Typografie und Steinmetzhandwerk geschulte Baumeister mit dem Schriftzug „Zur Neuen Welt" in der Fassade verewigt. Im ehemaligen Transformatorenhaus der Stawag, neben den Proberäumen des Sinfonieorchesters im alten Umspannwerk, ist es jetzt zu finden, das neue Museum. Am Kapuziner Karree in bester Citylage, direkt gegenüber den Gebäuden der AachenMünchener Versicherung mit seiner interessanten Flächentreppe. Professor Rudolf Bertig, dem Vorsitzenden des Vereins Mies van der Rohe-Haus, ist es zu verdanken, dass dieses Projekt umgesetzt wurde. Das Glanzstück der Ausstellung ist eine original Travertin-Bodenplatte des sogenannten Barcelona-Pavillons, den Mies van der Rohe anlässlich der Weltausstellung 1929 erbaut hat, neben der Leihgabe des Kreuzstützenfragmentes aus Barcelona. Zu sehen sind unter anderen die nie verwirklichten Entwürfe für eine Firmenzentrale der Vereinigten Glaswerke (Vegla) im Frankenberger Viertel oder des Krupp-Verwaltungsgebäudes. Prägend für seinen Stil sind Glas, Stahl und Beton. Mies van der Rohe gilt als Begründer des „International Style" und erfand auch als Übersetzung des Bauhaus-Terminus „Gestaltung" den heute in aller Munde verwendeten Kunstbegriff „Design", als er mit seinem Bauhaus-Team von Berlin in die USA auswandern musste. Das Erdgeschoss des Museums wird für Wechselausstellungen benutzt.

mies-van-der-rohe-haus-aachen-ev.mozello.de

Heimat für einen großen Sohn der Stadt Aachen. Das Gebäude des Museums und das Konterfei spiegeln sich in der gegenüberliegenden Glasfassade.

Das Büchel-Museum Rote Burg

13

Kunst und Kultur unter alten Gewölben

Der rote Schriftzug auf weißem Untergrund – Rote Burg 1450 – weist auf den Ort, an dem man sich befindet. In dem Gebäude war jahrelang das wohl den meisten Aachenern bekannte Gastro-Refugium Charlys Leierkasten beheimatet. Es ist eines der ältesten Stadthäuser Aachens aus dem Jahre 1450. Es liegt am Büchel, in der Aachener Altstadt, unweit des Rathauses. Dieses alte Gemäuer wurde 2018 restauriert und neu interpretiert. Das Gleiche soll auch mit dem Gelände des alten Büchel-Parkhauses direkt nebenan geschehen. Der Abriss 2021 machte Platz für neue Konzepte. Das Büchel-Museum erweitert die Aachener Museumslandschaft. Dieses Mal mit einem privat geführten Museum, das von einem Förderkreis unterstützt wird. Jörg von der Laage eröffnete es 2018 für interessierte Kunst- und Grafikliebhaber, aber mittlerweile auch für Musikfreunde, denn Klassik- und Jazzabende in den weiß getünchten historischen Kellerräumen mit Raerener Bodenfliesen werden immer beliebter. Dazu kommen Lesungen und das Bestreben auf kleinen Kunstmessen und literarischen Abenden die kulturelle Begegnung aller zu fördern sowie die erste Dauerausstellung mit Originalwerken von Emil Orlik, einem Künstler des beginnenden 20. Jahrhunderts (1870–1932), dessen Werke die umfangreiche Sammlung Von der Laage bilden. Sie sind in hellen Räumlichkeiten mit modernster LED-Technik ausgeleuchtet, die aussieht, als wären es Oberlichter. Auf dem Originalholzboden stehen Vitrinen sowie einzelne antike und ins rechte Licht gerückte Möbelstücke. Im Kellergewölbe gibt es auch ein Café. Außen fällt die einheitliche Fassade mit den weißen Sprossenfenstern auf, die durch einen Granitputz dem ursprünglichen Naturblaustein sehr nahekommt.

roteburg-buechelmuseum.de

Neues Museum an altbekannter Stelle

Das Tuchwerk Aachen

Theater in der Textilmaschinenhalle

14

Im lieblichen Landschaftspark Soers, hinter Tivoli und Dressurstadion, florierte einst eine bedeutende Textilfabrik, die Firma Wilhelm Becker KG. Becker, ein führender Hersteller von wollenen Stoffen für mittlere bis gehobene Herren- und Damenoberbekleidung, war im Jahre 2012 der letzte in Aachen verbliebene Tuchhersteller von ehemals über hundert Unternehmen. Seit diesem Jahr wird in der historischen Stockheider Mühle in den übrig gebliebenen Gemäuern der Firma Becker das sogenannte Tuchwerk integriert. Es gehört der Margarete Lorenz Stiftung. Spannend ist der Blick auf und in das Werksgelände. Es ist ein freier Ort, der noch nicht abgeschlossen ist. Seine Entwicklung zum „kulturellen Gedächtnis für Zukünftiges", das man sich als Leitbild auf die Fahnen geschrieben hat, ist längst nicht zu Ende. Mitte 2021 begann man mit der Restaurierung des Schornsteins und einiger anderer Gebäude. Es ist heute eine Location auf historischem Boden (1239–1331 erste Erwähnung der Stockheider Mühle). Und es ist ein sehenswertes Depot, in dem alte Textilmaschinen präsentiert und auch vorgeführt werden können. Es empfiehlt sich, nach Gruppenführungen zu fragen. Faszinierend ist die Produktionskette von der Wolle bis zum fertigen Tuch. Wer kennt sie noch, die Aachener Tuche? Vom Rohstoff bis zum feinen Garn kann man die Qualität der Aachener Tuche, damals ein weltweites Markenzeichen, nachvollziehen. Es stehen hier rund 30 große Textilmaschinen aus den unterschiedlichsten Epochen. Dazu kommen historische Nähmaschinen und ein Archiv. Doch das heutige Tuchwerk ist mehr als Textilgeschichte. Hier gibt es ein kleines Puppentheater. Das weithin bekannte Theater K hat seine Spielstätte in sehr originellen Kulissen gefunden, unter anderem auch im Maschinendepot und auf dem Werkhof. Dazu kommen Projekte zur Wiedereingliederung und sozialen Integration (Sozialwerk Aachener Christen e. V), aber auch zu Kunst und Musik.

tuchwerk-aachen.de

Kulturhort im Landschaftspark, das Tuchwerk

Das Depot

Von der Straßenbahnhalle zum Stadtteilzentrum

15

Die neuen gelb- und orangenfarbenen Fenstereinfassungen auf der grau gestrichenen Fassade und die roten Rahmen um die Glasfronten mit den Schriftzügen und Logos fallen sofort auf vor dem Hintergrund der Umgebung. Das alte Straßenbahndepot steht bereits seit 1925 in der Talstraße. 1974 wurde der Betrieb der Straßenbahn in Aachen eingestellt. Was nun tun mit dem großen Gebäude? Zwischenzeitlich standen hier mal die Wagen für den Rosenmontagszug. Der Kulturbetrieb der Stadt Aachen hat erst mit Beginn des Jahres 2017 das „Depot" neu in Betrieb genommen. Und zwar als multifunktionales Zentrum der Begegnung, der Kultur(förderung), der Wissenschaft, der Medien und vor allem auch der sozialen Angebote im schwierigen Stadtteil Aachen-Nord. Die Straßenbahnen waren damals auf neun Gleisen und zwei Etagen untergebracht, was zu diesem Zeitpunkt eine Besonderheit war. Das Untergeschoss diente dem Omnibusverkehr. Es ist gelungen, das alte Gleisbett in der Halle und die großen Sheddach-Oberlichter der Langhalle als architektonische Reminiszenz zu erhalten. Heute bringt man hier anderes auf den Weg. Interdisziplinäre Projekte in einem offenen Haus mit Kooperationen unter einem Dach. So bietet die Piazza im Herzen des Depots Platz für bis zu 1.000 Personen. Rundum und auf der Etage des Haupthauses in den Nebenräumen können Seminare, Schulungen, Lesungen und andere Veranstaltungen durchgeführt werden. Ein Großteil der Räumlichkeiten vor allem im Obergeschoss beherbergt das Atelierhaus Aachen. Mehr als 20 Ateliers stehen für Kreative aus verschiedenen Nationen zur Verfügung. Hier geht es auch um den Austausch der Künstler und Künstlerinnen vor Ort mit auswärtigen Kollegen und Kolleginnen sowie um die Präsentation ihrer Werke und um Experimente. Zweimal im Jahr stehen die Ateliertüren für Besucher offen. Die Förderung von künstlerisch Tätigen liegt dem Atelierhaus besonders am Herzen. Es gibt am Haupteingang auch ein Café.

atelierhausaachen.de

Raum für Kunst im Depot

DigitalCHURCH

Arbeiten vor dem Altarraum

16

Nur langsam lässt sich die recht schwere, gepolsterte Kirchentür der ehemaligen, denkmalgeschützten Kirche St. Elisabeth an der Jülicher Straße öffnen. Man betritt einen ungewöhnlichen Ort für ein Großraumbüro. Das bundesweit erste Projekt dieser Art in einer Kirche, auch für Start-ups. An den langen Tischen mit Laptops und den Flex-Desks in den Nischen mit abgetrennten Arbeitsplätzen findet Co-Working statt. In würfelförmigen Spaces unter den Säulen des Langschiffs können Besprechungen erfolgen. Sitzgruppen mit bunten Möbeln sowie die Elysée Bar (der Schriftzug ist derjenige vom legendären Kino am Aachener Stadttheater) im Chor vor den hohen Buntglasfenstern besitzen Loungecharakter. All dies bildet das Herzstück des digitalHUB Business Centers. Es ist absolute Ruhe angesagt. Besucher können sich am Empfang anmelden und den Arbeitsraum besichtigen, ohne jedoch die Teilnehmer zu stören. Neben dem Empfang ist ein kleines Café für die Mitarbeiter eingerichtet. Mancher Kunstkenner wird sich noch an das Hotel Total erinnern, ein Pop-up-Hotel, das 2016 nach der Entweihung der 1905 erbauten Kirche, die komplett unter Denkmalschutz steht, die erste Umnutzung bedeutete. Ein ganz besonderer Kulturraum für die Inszenierung von Kunst, Kultur und Leben. Heute geht man hier ganz andere Wege hin zu Networking Events, Meeting Points und dem Angebot des Anmietens eines ganzen Kirchenschiffs für Businessveranstaltungen von Gründern, Mittelstand und Industrie, ganz im Sinne des Wandels der innovativen Zukunft der sogenannten Aachen Area. Kurz gesagt: ein Treffpunkt der Digital Community.

aachen.digital/digital-church

Früher Kirche, heute Networking Events, Meeting Points und Business Places

Das Liebig

Aufenthaltsqualität in Aachen-Nord

17

Wer erinnert sich nicht gerne an das Starfish, die Diskothek schlechthin in Aachen. Vielen (Älteren) dürfte auch noch die Flohmarkthalle ein Begriff sein, aus den Zeiten, in denen man Speicher und Keller der ganzen Familie durchkämmte, um Brauchbares für den eigenen Händlerstand in den Hallen der Schlachthöfe zu finden – mit dem Ziel, die Haushaltskasse aufzubessern. Neues Leben ist in das fünf Hektar große Grundstück an der Liebigstraße unweit des Grünen Wegs eingezogen. Im ehemaligen Gebäude der Diskothek ist nun das Veranstaltungs- und Konferenzzentrum „Das Liebig" heimisch. Es eröffnete im Spätsommer 2021 und wird unter anderem als Location rund um die Festivitäten anlässlich des Aachener Karlspreises genutzt. Mit dem „Charles" ist eine weitere Eventadresse auf dem Gelände präsent. Man hat in den nächsten Jahren viel vor: Die Vision einer Kohärenz von alten und neuen Gebäuden mit einem großen Grünanteil ist geplant und soll Schritt für Schritt realisiert werden. Veranstaltungen, Konferenzen und Messen wird damit ein modernes Angebot in diesem Teil der Stadt offeriert. Dazu eine gastronomische Begleitung. Die sogenannten Liebig-Höfe charakterisieren die Zukunft eines Areals mit Dienstleistungen, Handwerk, Büros, Werkstätten, Start-ups, Fassadenbegrünung, Innenhöfen, Plätzen und stylischen Sitzmöbeln im öffentlichen Raum. Auch das Werner-Fuchs-Haus der Alemannia-Fans soll künftig darin erhalten bleiben. Aufenthaltsqualität heißt das Zauberwort für die städteplanerische Umsetzung unter sozial-gesellschaftlichen Akzenten und einer neuen zukunftsfähigen Erschließung des Aachener Nordens. Noch ist nicht alles sichtbar, aber der gelungene Bau des Liebig-Komplexes, der sich deutlich design-ästhetisch vor dem Hintergrund der Talbot-Hallen und dem alten Schlachthofareal abhebt, ist ein gelungener Beginn und hält die Spannung für Weiteres aufrecht.

dasliebig.de

Früher laut, heute festlich, die Liebig Location

Das Stadtbad

Talks aus der Wanne

18

Man ist schnell vorbeigefahren an dieser schönen Fassade am Blücherplatz in Richtung Europaplatz zur Autobahn A4. Ein weiterer Veranstaltungsort der besonderen Art im Aachener Norden steht hier an Hausnummer 24. 1930 wurde das Aachener Stadtbad im Bauhausstil errichtet. Damals hielt man hier 14 Wannen und 16 Brausen für die Körperpflege der Bürger zur Verfügung, die kein eigenes Bad zu Hause hatten. Zugleich war es ein Treffpunkt zum Chillen, wie man heute sagt. Seit 2016 ist das alte Stadtbad das Refugium für die Ideen und Konzepte von Asgard Adami. Natürlich dreht sich auch jetzt wieder vieles um das Thema Wasser. Beispielsweise wird jedes Jahr der Weltwassertag am 22. März mit einem besonderen Programm gefeiert. Und es geht um die Umwelt, insbesondere in der Umweltwerkstatt und der Eco-Lounge. Dazu Kultur und Kunst. Die gelben Kacheln, die Wannen, die Türen mit den Bullaugen und Oberlichtern, das Licht durchflutete Glasdach, hohe vertikale Heizkörper und Brausegarnituren als Lichtelemente sind erhalten geblieben. Liebevoll und behutsam ist man bei der Restaurierung und Modernisierung vorgegangen, nicht ohne Grund. Ein originelles Ambiente ist entstanden, das geradezu zu Begegnungen und Gesprächen einlädt. Das Menschen anziehen soll, die selbst ihre Inspirationen umsetzen oder sich als Zuschauer respektive Besucher dafür interessieren. Auf diese Weise setzt man sich zum Beispiel ganz ungezwungen zum Talk in die (halbierte) – natürlich leere – Badewanne vor die Kamera. Auf drei Etagen mit insgesamt circa 360 Quadratmetern Fläche sowie einem großen Garten und einer Terrasse bieten sich interessante Nutzungsmöglichkeiten. Arbeit, Kreativität und kultureller Austausch können ideal miteinander kombiniert werden. Vernissagen, Theater, Ausstellungen, Preisverleihungen und vieles mehr erfrischen das alte Stadtbad immer wieder aufs Neue.

stadtbad-aachen.de

Baden in Kunst und Kultur

Der Pavillon auf der Monheimsallee

19

Reminiszenz an den Aachener Stadtbaumeister Phillipp Kerz

Unter den hohen Bäumen auf den Grünstreifen in der Mitte der Monheimsallee fällt er nicht gleich auf, weil er recht klein ist, der schmucke, unter Denkmalschutz stehende Pavillon in Rot-Grau. Vor allem im Gegensatz zur majestätischen Fassade des Quellenhofhotels schräg gegenüber. Dabei handelt es sich doch hier auch um ein prächtiges Gebäude aus dem Jahre 1925, das von Phillipp Kerz erbaut wurde. Es ist im Stil des Expressionismus gestaltet. Markant sind die roten, schlichten Putzflächen zwischen deutlich hervorstehenden grauen Quadern, die wie Säulen die Ecken des Gebäudes bilden. Das dreieckige Vordach, dessen Spitze auf einem quadratischen Pfeiler ruht, der eine glatte Fläche hat, im Kontrast zu den Eckquadern. Die umlaufende Attika wird von einer Betonbalustrade gebildet, die aus offenen Dreieckselementen besteht. Das Gebäude hat in der Mitte schiefernes Pyramidendach. Der Bau ist der letzte, original erhaltene Kiosk der Stadt. Er ist neben den noch erhaltenen Stadttoren und -türmen eines der wenigen Bauwerke im Grünstreifen des Alleenringes. In den letzten Jahren stand das Gebäude leer. Zuvor diente es gleich drei Zwecken: zur Kreuzung hin als Kiosk, in der Mitte als Transformatorenstation und rückwärtig als öffentliches Herren-Urinal. 2017 wurde es außen mithilfe der Deutschen Stiftung Denkmalpflege saniert. Der Bund deutscher Architektinnen und Architekten (BDA) Aachen kümmert sich von nun an um die Instandhaltung. In Zukunft soll der Pavillon als Geschäftsstelle und Versammlungsort des BDA dienen. An der schönen Adresse, Monheimsallee 111, soll das Gebäude dann „Philippeion“ oder „Kerz-Pavillon“ genannt werden. Es wird Geschäftsstelle des BDA, aber auch Veranstaltungsstätte sein und voraussichtlich noch 2022 eröffnet.

bda-aachen.de

Der Pavillon, ein Kleinod an der Monheimsallee

Henger Herrjotts Fott

Die wahrscheinlich skurrilste Postadresse Deutschlands

20

Der Tourist, bar jeglicher Öcher (Aachener) Sprachkenntnisse, steht fassungslos vor diesem Straßenschild. Denn unter der Bezeichnung „Henger Herrjotts Fott" („Hinter dem Hintern des Herrn") wird ihm auf einem Zusatzschildchen in weiß auf blau lediglich mitgeteilt, dass es sich um eine mundartliche Bezeichnung des Platzes handelt. Die genaue Bedeutung des Namens bleibt also weiterhin ein Geheimnis. „Hinter dem Hintern des Herrn" heißt eine für das Viertel namensgebende Kreuzigungsgruppe. 1986 gründete sich die Bürgerinitiative Henger Herrjotts Fott e. V., die, durch Spenden finanziert, das ehemalige steinerne Denkmal 1987 durch ein neues, von Bonifatius Stirnberg geschaffenes Bronzekruzifix ersetzen konnte. Seitdem gibt es dort auch ein Straßenschild und jedes Jahr das gleichnamige Stadtfest. Die Bürger des Viertels bezeichnen sich mit Blick auf das Kruzifix als „Hinter dem Hintern des Herrn" wohnend. Der Henger-Herrjotts-Fott-Platz in Aachen liegt im Postleitzahlengebiet 52062 und hat eine Länge von rund 58 Metern. In der direkten Umgebung befinden sich die Haltestellen zum öffentlichen Nahverkehr Richtung Theater, Wallstraße und Elisenbrunnen. „Henger Herrjotts Fott" an der Wirichsbongardstraße ist eine offiziell anerkannte Postadresse und damit wahrscheinlich eine der originellsten Postadressen in Deutschland.

Aachens originellste Ortsbezeichnung

Das neue Kaisersruh

21

Es dem Zaren gleichtun

Kaum ein Name könnte besser zu Aachen passen als Kaisersruh. Allerdings ist das prächtige Gebäude nicht nach Karl dem Großen oder einem anderen deutschen Kaiser benannt, sondern nach dem Aachener Kongress von 1818, dem ersten von vier, als Monarchenkongress bezeichneten Treffen der damaligen Großmächte nach dem Wiener Kongress 1814/15 (Wikipedia). Genauer gesagt war der russische Zar Alexander I. zu diesem Anlass Gast bei Ludwig Freiherr von Fisenne, dem damaligen Besitzer der Hofanlage mit Herrenhaus, die als Mauenhof bekannt war. Fortan hieß es Gut Kaisersruh. In Aachen erinnern außerdem das Kongressdenkmal (im Stadtgarten), die Kongressstraße, die Alexanderstraße, der Friedrich-Wilhelm-Platz und die Franzstraße an diese Zusammenkunft.

Später verkauften die von Fisenne das Gut Kaisersruh an den Aachener Tuchfabrikanten Alfred Nellessen, infolgedessen es Haus Nellessen benannt wurde. Aus dem traurigen Kapitel einer quasi zerfallenen Ruine des Hauses Nellessen wurde dank eines Investors ab 2018 eine Erfolgsgeschichte in Form einer neu gestalteten Businessimmobilie. Stilvoll rekonstruiert als dreigeschossiges Haupthaus mit seiner klassizistischen Fassadengestaltung und einem Portikus, dem Eingang vorstehend, mit vier dorischen Säulen, auf denen ein Balkon ruht. Zum Gebäudekomplex gehört das sich anschließende Kutscherhaus über zwei Geschosse (darüber eine Mansarde), das im neobarocken Stil wieder aufgebaut wurde. Als Verbindungselement dient ein futuristischer Zwischenbau, der einen goldfarbenen Kontrast zu den anderen Teilen ausstrahlt. Das Interieur ist stylisch, u.a. mit Bauhaus- sowie asiatischen und italienischen Einflüssen. Kaisersruh steht an der viel befahrenen B57 von Aachen nach Würselen. Doch im Hintergrund geht es ins Wurmtalrevier zum Wandern und Spazieren, auch mit Ponys (eine Freude für Familien mit Kleinkindern) vom direkt nebenan liegenden Ponyhof Zintzen (mit Café). Beste Gelegenheit einen Blick auf die Kurzzeitresidenz von Zar Alexander I. zu werfen, der wohl auch genau diese grünen Ausflüge um Kaisersruh genossen haben soll.

ponyhof-zintzen.de

Gut Kaisersruh, eines Zaren würdig

Zum Blauen Stein im Paulinenwäldchen

22

Erinnerung an eine illustre Schönheit

Nur ein paar hundert Meter weiter führt der Weg Zum Blauen Stein (vom Soerser Weg ab, Richtung Paulinenwäldchen, vorbei am Gut Paulinenwäldchen) zum gleichnamigen Blauen Stein. Linkerhand war bis Herbst 2021 das beliebte Lua Pauline mit seiner herrlichen Hochzeitslocation und Bio-Gastronomie beheimatet (jetzt in belgisch Limburg). Man erreicht schnell den Obelisken aus Aachener Blaustein (Parkplatz gleich dahinterliegend). Er ist in Gesellschaft von Sitzgelegenheiten aus dem gleichen Material. Dieser Flecken muss etwas haben, denn nicht nur Zar Alexander I. ging hier von Kaisersruh aus gerne spazieren, sondern auch Pauline Borghese, die Schwester Napoleon Bonapartes, die sich mehrmals im Trappistenkloster Mont Sion in Bergerbusch zwischen 1809 und 1811 aufhielt. Der Bergerbusch wurde später nach ihr Paulinenwäldchen benannt. Besondere Buchen im Paulinenwäldchen waren Teil des Alten Landgrabens, einer Grenzbefestigung des Aachener Reichs. Die Sitzgelegenheiten am Obelisken, der 1810 zur Vermessung der Rheinlande unter napoleonischer Besatzung aufgestellt wurde, stellen Récamieren dar. Aber warum diese Form? Nun, einfach als Reminiszenz an Pauline Borghese. Denn der berühmte italienische Bildhauer Antonio Canova bildete 1804 die schöne Pauline Bonaparte-Borghese als Venus Victrix auf einer Récamiere ab. Das Werk aus Carrara-Marmor, das Prinz Camillo Borghese, ihr Ehemann, in Auftrag gab, befindet sich heute in der Galleria Borghese in Rom. Der Obeliskenplatz und das Lindenrondell sind in den Weißen Weg integriert (siehe Ort 23). Durch das Wurmtal bietet sich eine Radtour oder ein Spaziergang am Obelisken vorbei an, der sich als ruhiger Rastplatz bestens eignet. Bis zum Dom sind es nach der Radwegbeschilderung nur sechs Kilometer. Und natürlich reizt der famose Ausblick über die tief liegende Aachener Landschaft.

Säule und Récamieren am Blauen Stein

Der Pferdelandpark

Weiß ist eine ganz besondere Farbe

23

Haben Sie schon einmal etwas vom Pferdelandpark gehört? Mir war er unbekannt. Zweifellos eine Lücke, bis jetzt, in meiner Freizeitagenda des Dreiländerecks Belgien, Deutschland, Niederlande. Kirschblüten, Apfelblüten, Gänseblümchen, Buschwindröschen, weiße Narzissen, Tulpen, Weißdorn, Silberweiden, weiße Birkenstämme, weiße Bänke, weißer Kies, Kalkstein sowie weiß verputzte Gehöfte und Häuser … All dies sind charakteristische Kennzeichen des Weißen Wegs, die das Auge der Wanderer, Spaziergänger, Jogger, Reiter oder Radfahrer erfreuen. Wo er liegt? Er bildet die 30 Kilometer lange Naturachse durch den sogenannten Pferdelandpark. Ein Landschaftspark mit über 2.000 Hektar Fläche, der sich über die Städte Aachen, Herzogenrath und Kerkrade (Niederlande) hinweg erstreckt. Er führt zu Bauwerken mit viel Geschichte, zu Höfen und Mühlen, zu Grünräumen mit Aufenthaltsqualität in der Landschaft, vom Aachener Lousberg mit seinen öffentlichen Hängematten und dem Panoramablick bis hin zum Familienerlebnis GaiaPark in Kerkrade. Es ist ein Naherholungsgebiet in einem dicht bebauten Areal. Natürlich gibt es hier viele Pferde und Pferdekoppeln. Das Gelände erschließt sich einem nicht auf dem Tablett. Man muss schon bestimmte Stationen anfahren. Hinein in den ländlichen, weitläufigen Raum. Es ist auch kein Rundwanderweg an sich. Es lohnt sich, die zehn neu angelegten Stationen mit überraschenden Ein- und Ausblicken aufzusuchen, und in seinem eigenen Rhythmus den Aufenthalt zu gestalten. Hier lässt sich prima rasten und Kraft auftanken. Etwa auf dem Maulbeerhügel, dem Haldenrundweg Wilsberg, der Landschaft rund um Schloss Rahe oder auf der Amstelbachterrasse im Amstelbachtal. Startpunkt zu einer Rundwanderung in diesem Tal ist der Wanderparkplatz an der Mühlbachstraße in Kohlscheid. Quellen für detaillierte Informationen und Strecken sind unter anderem:

www.pferdelandpark2008.eu/landschaftspark/04Karte/pferdlandpark_karte.pdf

horbach-aachen.de | heimatverein-kohlscheid.de

Blüten am Weißen Weg

Black & White

Die Graniteier an der Halde Gouley

24

Auf der Seite der beliebten Ausflugslocation Teuterhof im Wurmtal, vor dem Gebäude stehend gut 100 Meter links und dann rechts hinein in den Wald, geht es in die schwarz-weiße Haldenlandschaft. Links unten fließt die Wurm. Hier beginnt ein Wanderpfad hinauf zur Halde Gouley, der nicht so stark frequentiert wird wie die anderen Wege im Wurmtal. Die Route ist gut begehbar über weichen Boden, leicht ansteigend, später etwas mehr, aber ohne große Anstrengungen machbar. Am Beginn fällt sogleich links die weiße Kalknase mit einer zehn Meter hohen Steilwand auf. Sie stammt nicht vom Bergbau, sondern ist eine Ablagerung von Kalkrückständen der ehemaligen Sodafabrik. Alles hier ist Naturschutzgebiet, eine sinnliche Fauna und Flora. Als Kontrast zur weißen Kalkhalde geht es hier über zum schwarzen Berg der ehemaligen Grube Gouley. Nach ein paar hundert Metern schon blinkt wieder etwas Weißes. 1,50 Meter lang und circa zwei Tonnen schwer. Das erste von insgesamt 18 Graniteiern, die verteilt zwischen den Birken auf dem Boden dieses Plateaus verankert sind. Eine echte Überraschung. Hier liegt natürlich der Vergleich mit Dino-Eiern nahe. Ein Bild, das die Fantasie anregt, als wenn man in einen Science-Fiction-Film hineinsieht, beim Betreten eines fremden Planeten. Die konträre Landschaft mit den weißen Sodahalden und den schwarzen Bergbauhügeln, Black & White eben, inspirierte den Landschaftsarchitekten Norbert Kloeters dazu, seine Idee einer urzeitlichen Landschaft hier in dieser Inszenierung umzusetzen. Das war bereits 2008 im Rahmen der EuRegionale im Dreiländereck von Aachen. Erstaunlich (und überaus positiv): Keinerlei Graffiti ist auf den Eiern sichtbar. Der profane Grund: Die Eier haben eine besondere Außenschicht als Schutz vor Schmierereien. Das Wurmtal zwischen Würselen und der Aachener Soers ist eines der beliebtesten Naherholungsgebiete der Region. Eine wahre Idylle mit der Burg Wilhelmstein.

Tipp: Eine Wanderung zur Adamsmühle, eine von vielen noch existierenden Mühlen im Wurmtal, direkt gegenüber dem Teuter Hof

Harte Schalen, „Fantasy-Landschaft" im Wurmtal an der Halde Gouley

Der Kalkofenweg

Eine Besonderheit in Deutschland

25

Der Kalkofenweg verläuft insgesamt über knapp sieben Kilometer. Beliebter Startpunkt ist der Parkplatz an der Schleidener Straße 159 in Walheim (am Supermarkt abbiegen), dann am Abenteuerspielplatz vorbei (ein beliebtes Freizeitgelände der Region mit verwildertem Steinbruch) über den Pannekogweg am Friesenrather Hof und am Schloss Friesenrath vorbei, weiter über den Vogelstangenweg nach Hahn. Auf der Hahner Straße biegt die Route links wieder in den Wald hinein (Schild Kalkofenweg). Direkt zu Beginn geht es über die Inde, dann durch einen grünen Hohlweg mit dichtem Laubwerk rechter Hand leicht bergan bis zu den großen Brennöfen (zuvor liegt In der Au noch die Ruine des Kalkofens). Hier befindet sich eine der Hauptstationen des Weges. Über sie ist ein begehbarer Steg angelegt. Von dort aus hat man einen Blick in die Tiefe der Öfen. Am Wegesrand sieht man Kalkfelsschichten aus der Vegetation hervorstechen, ein wild wirkendes Gelände. Der Pfad steigt schließlich noch wenige hundert Meter etwas an, bleibt schmal und windet sich dann zum Ausgangsparkplatz hin. Der Aachener Süden galt im 19. und 20. Jahrhundert als eines der wichtigsten Kalkerzeugergebiete in Deutschland. In den 1980er-Jahren wurden mehrere noch erhaltene Brennöfen gerettet, teils restauriert und wieder zugänglich gemacht, beispielsweise über diesen Rundweg, der mehrere Brennofenstellen verbindet (auch die drei noch in Hahn erhaltenen). Was es mit der Geschichte der Kalkbildung von vor über 350 Millionen Jahren und dem späteren Kalkstein auf sich hat, darüber klären Tafeln vor Ort die Besucher mit einer Fülle von Abbildungen und Fakten auf. Es wird vermutet, dass die Kelten vor 2.000 Jahren im Aachener Raum den ersten Kalk gebrannt haben. Was aus Kalkstein alles entstehen konnte, ist im Varneum, der Tempelruinenanlage zwischen Kornelimünster und Breinig, zu bestaunen. Der Kalkofenweg ist in die erste Etappe des Premiumwanderwegs Eifelsteig eingebunden. Und das zu Recht.

Von der Natur und der Zeit überwuchert, Relikt am Kalkofenweg

Die Promenade in Kornelimünster

26

Bei der großen Badenden

Kornelimünster, ein mittelalterlicher Marktflecken und uralter Wallfahrtsort: 1.001 Fotomotive, Kopfsteinpflaster, Abteigebäude, Abteikirche, Fachwerkhäuser, kleine Plätze, gotische Bauten, Brunnen, Bänke, Cafés und Restaurants. Man sollte bei einem Rundgang auch einmal seitlich der Abtei in den Abteigarten gehen, zur sogenannten Promenade. Sie wird geschmückt durch auf gleicher Höhe gestutzte Bäume sowie dem Wasserbecken mit dem daneben liegenden Kanal und den Brücken. Man kann daran entlang spazieren gehen, relaxen, sich auf Bänken ausruhen, auf zwei Bahnen Boule spielen oder auch den Blick zur auf der Höhe thronenden Bergkirche St. Stephanus richten oder auf die „großen Badenden", einer Skulptur im moosbedeckten Wasserbecken. Der neben dem Wasserbecken liegende Kanal ist der sogenannte Rohlandkanal. Er wurde von der Firma Rohland gebaut und versorgte die Wasserturbinen der gleichnamigen Textilfabrik. Der Schriftzug über dem Torbogen aus Blaustein am Ende der Promenade erinnert an die hier ansässige Firma. Vorne an der Promenade fällt der Blick sofort auf die monumentale Toranlage der alten Reichsabtei Kornelimünster. Diese Toranlage, das sogenannte Roßtor, war der eigentliche Zugang zur Reichsabtei. Die Anlage besteht aus zwei Doppeltürmen mit Tordurchgängen, die Doppeltürme sind vom sogenannten „Aachener Typ". Die Anlage liegt im Schatten schöner Bäume. Die inneren Türme stammen von 1498 (gotisch), es sind die ältesten sichtbaren, nicht kirchlichen Gebäudeteile in Kornelimünster, die vorderen Türme stammen von 1682 (Barock).

Tipp: Die Römer gründeten in der Zeit um Christi Geburt auf der Höhe oberhalb des heutigen Ortes einen ihrer Stützpunkte mit einem Tempelbezirk, Varnenum genannt. Diese Anlage kann frei besichtigt werden (beschildert) und liegt in der grünen Umgebung auf der Höhe zwischen Kornelimünster und Breinig, die man leicht übersieht. Von hier aus kann man auch in den Ort hinunter spazieren.

geo.io/de/Varnenum

Promenade im Sonnenschein. Tipp in der Nähe: die pittoresken Dörfer Breinig, Hahn und Krauthausen

Das Kunsthaus NRW (1)

Die alte Reichsabtei Kornelimünster

27

Das Kunsthaus NRW ist in der prächtigen Klosterresidenz der alten Reichsabtei Kornelimünster untergebracht. Kommen wir zunächst zur Architektur. Das Gebäude wurde von 1721 bis 1728 von Abt Alfons Hyazinth Graf von Suys errichtet. Die schließlich fünfflügelige, schlossartige Anlage im Stil des Spätbarocks wurde mit dem Bau des äußeren Südflügels in der Mitte des 19. Jahrhunderts fertiggestellt. Die Räume sind hell mit goldenen Verzierungen und Stuckarbeiten. Die alten Holzdielen knurren beim Darüberschreiten. Im Rittersaal ist über dem großen Kamin der Ritterschlag dargestellt, darüber doppelköpfige Adler des alten Reiches. In vielen Räumen und an Außenwänden ist immer wieder dieses Wappen des Erbauers der Abtei zu finden. Selbst in einem Fußboden in einer feinen Holzarbeit, versehen mit der Jahreszahl 1721. Das schon einmal verloren geglaubte große Deckengemälde im voluminösen Empfangstreppenhaus zeigt den Sturz der antiken Götterwelt durch die himmlischen Heerscharen. Es gibt eine typische Treppe im Barockstil in robuster und wuchtiger Bauweise, deren Treppenläufe doppelreihig ausgeführt sind. So reiht sich zu beiden Seiten des Laufs ein Geländer, die sogenannte Balustrade. Das Deckengemälde ist eines von insgesamt 73 über die gesamte Abteiresidenz verteilten Decken- und Wandgemälde, die miteinander in Beziehung stehen und „den Weg einer verstorbenen Seele zur Erlösung darstellen, denn durch diese Zimmer wurden Pilger auf dem Weg zu den Christusreliquien in die Kirche geleitet“, wie es auf der Internetseite heißt. Umso mehr lohnt es sich, zwischen der Betrachtung der Kunstwerke immer wieder mal den Blick nach oben zu wenden. Im Treppenhaus macht man das ganz automatisch. Die RWTH Aachen und ihr Lehrstuhl für Architekturgeschichte hat einen eigenen Bereich zur Geschichte der ehemaligen Reichsabtei in den Museumsräumlichkeiten eingerichtet mit Modellen, Bildtafeln und einer Bibliothek.

kunsthaus.nrw

Das Treppenhaus, Kopf in den Nacken legen ist des Kunstliebhabers Pflicht

Das Kunsthaus NRW (2)

Junge Werke im historischen Abteikloster

28

Die große Eingangstür am Kopfende des Ehrenhofs führt in eine faszinierende Welt aus historischer Architektur und moderner Kunst. Es ist die Heimat von insgesamt über 4.000 Exponaten. Sie alle bieten einen Rückblick auf 70 Jahre Kunstgeschichte bis zurück ins Jahr 1945 sowie Aspekte der jungen Kunstszene in NRW. Es gibt hier im eigentlichen Sinne keine Dauerausstellung. Man präsentiert immer wieder neue Kunstwerke aus dem gut gefüllten Depot und erstellt Inszenierungen. Unter dem Motto „21/21" hat das Kunsthaus ab November 2021 eine neue Reihe installiert, die Jahr für Jahr die Werke von 21 jungen Künstlerinnen und Künstlern veröffentlicht, die in den ersten Jahren des 21. Jahrhunderts vom Land NRW durch Ankäufe gefördert worden sind und einen Bezug zu NRW haben. Die meisten der ausgestellten Künstlerinnen und Künstler sind Absolventen bzw. Meisterschüler der Kunstakademie Düsseldorf. Viele von ihnen haben sich schon einen Namen gemacht. Darunter Karl Otto Götz, Emil Schumacher, Ernst Wilhelm Nay, Günther Uecker, Gerhard Richter, Sigmar Polke, Katharina Sieverding, Bernd und Hilla Becher, Andreas Gursky, Thomas Ruff, Björn Dahlem, Cornelius Völker, Gereon Krebber und Erika Hock. So lässt sich beim Rundgang in den prunkvollen Räumen manch erstaunliche Entdeckung machen, die einen kontrastreichen Einblick bietet zwischen innovativer Farb- und Formenpräsenz sowie imposanter Architektur. Das macht es spannend, wenn so manches Objekt so gar nicht in diese Räumlichkeit zu passen scheint. Die Wechselausstellungen zeigen die aktuellen Entwicklungen der Kunst in Nordrhein-Westfalen und sind so facettenreich, dass ein Besuch alleine gar nicht reichen wird. Rundum: ein Kulturerlebnis – noch so etwas wie ein Geheimtipp. Der Eintritt zu den Ausstellungen ist in der Regel frei.

Ausstellungsraum in der Abtei Kornelimünster

Die Inderoute

29

Ein grüner Weg zwischen Mühlen und Kalköfen

Da oute ich mich gerne. Gefühlte hundert Mal vorbeigefahren, aber erst kürzlich entdeckt. Die beschilderte Inderoute nennt sich Partnerweg des Eifelsteigs, der Aachen-Brand mit dem Startort des Eifelsteigs, Kornelimünster, verbindet. Sechs Kilometer Länge hat sie zu bieten. Der Startpunkt liegt an der Rollefstraße in Brand, dann überquert man die Trierer Straße am Indeweg bis ins Indetal mit der Komericher Mühle. Letztere ist eine historische Mühle, die ihre erste Erwähnung im 16. Jahrhundert fand. Sie ist eine von ehemals 21 Mühlen im Naturschutzgebiet Indetal (145 Hektar). Die Komericher Mühle besteht derzeit aus der alten, um 1800 erbauten Hofanlage Komerich und einem Gebäudekomplex zum Betrieb der Mühle (1885–1926), die allesamt als Industriedenkmal unter Denkmalschutz stehen. Auffällig ist das deutliche Rot des Anstrichs und die Sheddachhalle, mit dem markanten Sägezahndach (hier war bis 2006 das Textilmuseum Aachen untergebracht, das heute in der Tuchfabrik Stockheider Mühle in der Soers zu Hause ist). Man kann auch von hier aus auf die Route gehen, einen Parkplatz gibt es oben am Beginn des Komericher Weges. Das klare Wasser der Inde windet sich durch Feuchtwiesen mit einzelnen Baumgruppen. Der Weg kreuzt die Bilstermühlerstraße von Krauthausen zur Gabelung mit dem Napoleonsberg bzw. der Trierer Straße. An der Bilstermühler Straße befinden sich zwei stillgelegte Kalköfen. Der näher bei Krauthausen gelegene stammt aus der frühen Industriegeschichte. Der Pfad verschwindet dann am zweiten Kalkofen, dem ältesten der Region. Er stammt von 1870 (mit einer alten Lore im Graben), in die die Märchenwelt vom Klauser-/Frankenwäldchen, einem Kalk-Schluchtwald mit bizarren Felsformationen, Brücken und teils steinigen, unbefestigten Pfaden, die nah an der Felswand des alten Steinbruchs „Münsterkull“ (der älteste im Aachener Gebiet, von 1648) entlang verlaufen. Sehr romantisch und eine Idylle der Ruhe. Man balanciert weiter über Stock und Stein, passiert die Korneliusquelle und folgt der Inde nach Kornelimünster hinein bis zur Abtei am Korneliusmarkt.

An der Inderoute

Die Kapelle Maria im Schnee

Von Einsiedlern und den Sieben Schmerzen

30

Dichtes, lindgrünes Blätterwerk durchzieht das älteste Naturschutzgebiet (1928) Aachens, das Klauser-/Frankenwäldchen, das Teil der schon beschriebenen Inderoute ist. Dieser schöne Laubholz-Hochwald birgt Eschen, Berg-Ahorn und über 200 Jahre alte Buchen. Selbst seltene Berg-Ulmen haben hier den Schädlingen trotzen können. Nahezu wie ein leuchtend weißer Fleck im Naturgrünteppich, am Ende eines Pfades erkennbar, taucht die Kapelle Maria im Schnee auf mit der Klause, einer ehemaligen Einsiedelei. Sie wurde von 1658 bis 1900 von jeweils einem Eremiten bewohnt. Zum Tal hin stehen die aus Blaustein gemauerten Fundamentsäulen eines im Jahr 1812 begonnenen Pavillons, der aber wegen des Endes der napoleonischen Herrschaft nicht fertiggestellt wurde. Der Pavillon war für Königin Hortense von Holland, eine Stieftochter und Schwägerin Napoleons, bestimmt. Auf der Terrasse an der Südseite der Kapelle erkennt man einen Obelisken aus Blaustein (1819 von den Bürgern von Kornelimünster für Friedrich Wilhelm III. aufgestellt). Der bei uns seltene Name „Unsere Liebe Frau vom Schnee" oder auch „Maria im Schnee" ist eine volkstümliche Bezeichnung des Weihetages-Festes der Basilika Santa Maria Maggiore (auch Santa Maria della Neve, Unsere Liebe Frau vom Schnee genannt) in Rom. Die römische Patriarchalbasilika, die größte von 80 Marienkirchen in Rom, wurde am 5. August im Jahre 432 geweiht. Gemäß einer Überlieferung ließ Papst Liberius sie auf dem Esquilin-Hügel bauen, an die Stelle, an die ihm die Jungfrau Maria im Traum erschienen war. Am 5. August 432 soll plötzlich eine Schneeschicht auf dem Hügel gelegen haben. Es gibt in NRW nur zwei der „Maria im Schnee" geweihten Kirchen (die andere steht in Ennepetal). Im Jahr 1908 wurden die Bilderstöcke oder auch Fußfallstationen auf dem Weg zur Klauser Kapelle, Maria im Schnee, aufgestellt. Es sind sieben Stationen im Wald, am Weg hinauf auf den kleinen Felsen, auf dem die Kapelle steht. Sie stehen für die sieben Schmerzen Mariens.

Versteckt im Grün, die Mariakapelle

Das Schaffrathhaus

Atelier zum Anfassen

31

Im ehemaligen Wohnhaus und Atelier in Alsdorf-Ofden scheint die Zeit seines Schaffens nicht still zu stehen. Seit dem Tode des großen, international renommierten Glaskünstlers Professor Ludwig Schaffrath (1924–2011) hat sich vor Ort nichts geändert. Dank des Gebäudekaufs durch Renate Rinkens konnte vieles möglich gemacht werden. Man könnte hier sofort wieder beginnen, kreativ zu sein und etwa Farbe anzumischen, einen Pinsel oder einen Stift zur Hand zu nehmen, Glasproben zu begutachten und wandhohe Skizzen zu erstellen ... Die Erinnerung und das Andenken an den Künstler werden vom Förderverein „Schaffrathhaus – Kunst im Atelier" gepflegt, deren Vorsitzende die Tochter Ursula Schaffrath-Busch ist. Sie organisiert Führungen durch das Atelier und auf die erste Etage des Hauses, das auch als Ausstellungs- und Veranstaltungsort genutzt wird. Zu sehen sind neben den Werken im Treppenhaus auch vier große Glasfenster von Ludwig Schaffrath im oberen Stockwerk, von denen drei (neben dem Werk „Alakurti" 2005) als Hommage an jeweils einen bedeutenden Künstler gedacht sind: an Louis Fransen (2010), Johann Thorn-Prikker (2006) und Antoni Gaudí (2007). Zusätzlich zur Glaskunst werden zudem frühe Werke gezeigt, darunter Acrylgemälde, Zeichnungen, Siebdrucke und eine Sammlung von Formen und Gefäßen, damit die Besucher die ganze Entwicklung des künstlerischen Werks nachvollziehen können. Denn Schaffrath beschäftigte sich auch mit Glasbläserei, Hohlformen, Stickereien und Webereien. Er war weltweit tätig, auch als Hochschullehrer in den USA, Japan, Australien und England. Seine Werke sind in vielfältigsten Bauten und vor allem in Kirchen in fast allen der zehn Städte der StädteRegion Aachen zu bestaunen. Ludwig Schaffrath entwarf außerdem die Vorlage für den Bau der Barbarakapelle am Energeticon in Alsdorf und machte sich dadurch bei den Bergleuten unsterblich (siehe nächster Ort).

schaffrath-haus.com

Im original erhaltenen Atelier von Ludwig Schaffrath in Alsdorf

Ein Künstler von Weltgeltung

32

Die Werke von Professor Ludwig Schaffrath in der StädteRegion Aachen und darüber hinaus

Viele werden seine Kunstformen in und an Gebäuden in Glas, Stein, Metall und Farbe wohl schon gesehen haben, vielleicht auch unwissentlich. Denn sie befinden sich häufig in öffentlichen Gebäuden wie Kirchen, Schulen, Verlagen, Banken, Krankenhäusern und Altenheimen. Mehr als 70 Glasfenster von Ludwig Schaffrath sind in fast allen Städten der StädteRegion zu sehen: Aachen, Würselen, Alsdorf, Eschweiler, Baesweiler, Stolberg, Herzogenrath, Monschau und Simmerath. Dazu kommen deutschland- und weltweit weitere Werke. Hier ein Auszug aus dem Werkverzeichnis der architekturbezogenen Glasmalereien an den bedeutendsten Stätten.

In Deutschland:
Aachen: Dom, 34 neue Fenster im Kreuzgang 1962–65, 3 Oberlichtfenster Vorhalle „Sternenweg“ 1997, Matthias-Kapelle, 5 Fenster 1958
Aachen: Grabeskirche St. Josef, 22 Fenster 1971–75
Bremen: Ratskeller, 20 Fenster 1988
Würzburg: Dom St. Kilian, 22 Obergadenfenster 1964–65
Schweinfurt: St. Michael, Gesamtverglasung
Bad Zwischenahn: St. Marien, 2 Fensterwände, 4 Ostwandfenster, 1 Werktagskapelle, 1 Treppenaufgang 1970–71
Alsdorf-Ofden: Atelier Schaffrath, Betonglaswand am Treppenhaus, Mosaik
Wiesbaden: Rathaus, 3 Fenster Haupttreppenhaus 1989
Ulm: Münster, 3 Fenster nördliche Vorhalle 1994–95.

Japan:
Omiya: JNR Bahnhof, Fensterwand 1982
Nagasaki: St. Pius, 8 Fenster im Eingang, Portal 1984
Yokohama: Meiji Gakuin Universität, 1 Fenster 1984
Kobe: Oriental Hotel, Fenster Hochzeitskapelle 1988
Jogasaki/Shizuoka: Augenbaum, Glasmalerei-Museum 1999

Große Glaskunst im Schaffrathhaus

Die Barbarakapelle

Aus den Tiefen der Erde

33

Am Kreisverkehr vor dem Energeticon in Alsdorf erhebt sich ein begrünter Hügel, der gar nicht wie eine Kapelle aussieht. Dennoch handelt es sich hierbei seit 2014 um die Heimstatt der Figur der heiligen Barbara, der Schutzpatronin der Bergleute. 40 Jahre lang (1953–1993) stand sie tief in der Erde zunächst auf der 610-Meter- und später auf der 860-Meter-Sohle an der Streckenabzweigung zu den Grubenfeldern „Anna I" und „Anna II". 1994 machte sie ihre letzte Fahrt ans Tageslicht. Am 23. Dezember 1992 ist die letzte Grube des Verbundbergwerks Anna-Emil Mayrisch des Eschweiler Bergwerksvereins geschlossen und damit die Steinkohlegeschichte im Aachener Revier nach über 800 Jahren beendet worden. Die Figur der heiligen Barbara, 1,30 Meter groß und aus Eisenguss, stand anschließend im EBV-Hauptgebäude, bis sie 2007 nach Alsdorf zurückkehrte. Es dauerte allerdings bis 2011, bevor mit dem Bau der Kapelle begonnen werden konnte, die der bedeutende Alsdorfer Glaskünstler Professor Ludwig Schaffrath entwarf. Es handelt sich um einen Kuppelbau, der im Grundriss an ein Bergwerk, wie man es schon in der Steinzeit (Dunkelbau) gekannt haben soll, erinnert. Markant ist der oben angebrachte Lichtschacht, durch den das Tageslicht wie in einen Grubenbau einfällt. Mit großem Engagement und viel ehrenamtlichem Einsatz erfolgte schließlich 2014 die Einweihung der Barbarakapelle an ihrem jetzigen Standort. In einem Steinportal ist ein Gittertor eingelassen, sodass das Innere der Kapelle einsehbar ist, auch bei verschlossener Tür. Die Kapelle wird durch sechs Bodenstrahler und einen Deckenstrahler ausgeleuchtet.

Die Barbarakapelle am Energeticon

Das Energeticon

Dieselkatze, Kauen und Kinowagon

34

Energie hat mit Spannung zu tun. Spannung hat auch mit Unterhaltung zu tun. Im Museumskomplex Energeticon wird Energie zum Event, mit dem großen Plus eines Lerneffekts. Ein Parcours, von nostalgisch bis futuristisch. Mit rund 30 interaktiven Stationen etwa zum Leben der Kumpel oder den erneuerbaren Energien. Auf der Dieselkatze, dem Zugfahrzeug, in den Kauen (Wasch- und Umkleideräume) oder in einem oberirdisch angelegten Modell einer Untertagestrecke. Energie hat etwas mit dem Brückenschlag in die Zukunft zu tun. Von den Ursprüngen fossiler Energieträger zu den erneuerbaren Energiequellen. Von der Brennstoffzelle bis zum Sonnenkraftwerk unseres Körpers. Das moderne Mantra der Energiewende. Hier taucht man in diese Materie ein, analog, digital und emotional. Spüren, anfassen, bedienen, beobachten, rätseln und experimentieren. Das Energeticon mit den Kauengebäuden (1905–1931), dem Fördermaschinenhaus (1906) und der Schmiede (1910) des ehemaligen Bergwerks „Anna II“ zeugt noch heute von deren früheren Funktionen. Auch draußen, mit historischen wie modernen Exponaten. Der Güterwagon wird zum Kino. Die Lok zum Fotomodell. Nebenan Windkraft, Solarthermie, Fotovoltaik und Geothermie. Als Gegenpol zur Technik dienen Kunstobjekte, beispielsweise aus Kohle, die aus 1.200 Metern Tiefe aus der letzten aktiven Ruhrgebietszeche Prosper-Haniel in Bottrop stammt, die Ende 2018 stillgelegt wurde. Das Fördermaschinenhaus, eine Backsteinhalle mit Satteldach, ist ein echtes Schmuckstück. Es ist das letzte Gebäude der Ursprungsarchitektur von „Anna II“, das bei dem großen Grubenunglück von 1930 nicht zerstört wurde. Hier vereinen sich Industriearchitektur, Musik, Theater und Comedy. Denn auch Kunst hat mit Energie zu tun. Hier bekommt sie eine originelle Bühne. Und Energie hat nicht zuletzt mit Essen zu tun. Im Bistro-Restaurant Eduard (mit Terrasse) lassen sich die menschlichen Batterien wieder aufladen.

energeticon.de

Im Park des Energeticons

Der Annapark Alsdorf

Der Weg der Energie

35

Einige unübersehbare Relikte erinnern noch an die Zeiten, als hier die größte Kokerei Westeuropas stand. Dunkelheit, Feuchtigkeit, Lautstärke, Schweiß, Glut, Eisen, Kohle und Stahl. Das war gestern, genauer gesagt bis 1992. Heute nur noch zu erkennen im Museum Energeticon und auf dem „Weg der Energie", der Teil des Erlebnisparks ist. Das ehemalige Zechengelände der Grube Anna, der Annapark, ein Lehrpfad, eine grüne Spielwiese, Kultur- und Bildungs-Hotspot, Open-Air-Museum mit Skulpturenpark, misst insgesamt 40 Hektar. Mittendurch verläuft der „Weg der Energie", 900 Meter lang, vom alten Fördergerüst (kann in Begleitung bestiegen werden) bis zum Energeticon. Gekennzeichnet durch vier große Polygone in weitem Abstand. Sie bieten einen Lernfaktor, für einheimische wie für auswärtige Besucher. Wissenswertes über eines der größten Steinkohlebergwerke des Aachener Reviers in Text und Bild. Unübersehbar auf dem Weg: das Johannes Rau Kultur- und Bildungszentrum (KuBiZ), das sowohl im neuen Gebäudekomplex integriert ist wie auch im alten, der ehemaligen Kraftzentrale, auch Langhaus genannt. Nicht nur die auf den Parkbänken und Sitzblöcken chillenden Schülerinnen und Schüler der hier ansässigen Bildungsstätten genießen den Anblick im Schatten der früheren Gasgebläsehalle. Das KuBiZ wurde 1902 erbaut und ist stolze 145 Meter lang sowie 24 Meter breit. Wie aus einem Guss erheben sich die roten Ziegelmauerfassaden im neogotischen Stil der Industriearchitektur mit den abwechselnd vorstehenden und tiefer liegenden Ziegelsteinrahmen. Markante Sprossenfenster mit Halbbögen und Rosetten. Die Halle wird von 33 Stahlfachwerkbindern überspannt (typisch bei großflächigen Hallen) und ist damit die größte freitragende Industriehalle in Nordrhein-Westfalen. Sie wurde revitalisiert sowie für den Schulbetrieb saniert und umgebaut. In diesem Teil des KuBiZ befinden sich die Musikräume, weitere Klassenräume sowie ein Forum und ein Stadtteilrestaurant, das nicht nur Schülern, sondern auch Bürgern offensteht. Ohne das große Engagement von Altbundespräsident Johannes Rau in seiner Zeit als Ministerpräsident von NRW gäbe es das Kultur- und Bildungszentrum (2017 eingeweiht) und darüber hinaus den gesamten Annapark in dieser Form wohl nicht.

Der Weg der Energie – und des Wissens in Alsdorf

Alsdorf

Heiraten in der roten Burg

36

Völlig überrascht und erfreut zugleich war ich über dieses wunderschön restaurierte rote Gemäuer der Burg, ein geschichtsträchtiges Wahrzeichen der Stadt Alsdorf. Das hatte ich hier in der Form nicht unbedingt erwartet. Nur wenige hundert Meter von der breiten Zufahrtsstraße in die Stadt, der B57, entfernt. Alsdorf war früher in erster Linie bekannt für Kohleabbau und Zechen. Dabei gehen die Ursprünge dieses Ensembles bereits auf das 12. Jahrhundert zurück. Im Laufe der Zeit war sie Wasserburg und Schloss. Heute ist die Burg, die seit 1984 unter Denkmalschutz steht, nach umfangreicher Sanierung und Modernisierung der Remise ein Veranstaltungsort und ein Ort zum Entspannen. Das Gebäude wird mit einer offenen und modernen Gestaltung sowie mit Lichttechnik in Szene gesetzt, das heißt, abends angestrahlt. Unter anderem ist die rote Burg Schauplatz für das „Phantastische Wintermärchen“ in Form eines Weihnachtsmarkts. Es ist auch kein Wunder, dass ich an einem Samstagmittag innerhalb von anderthalb Stunden gleich drei Hochzeiten beobachten konnte. Denn hier ist das städtische Standesamt untergebracht. Ideal ist dafür auch der kleine Park, der die Anlage umgibt, mit schönen großen, schattigen Bäumen, Rasen und Ziersträuchern sowie einigen Parkbänken.
Das bedeutendste Baudenkmal der Stadt Alsdorf stammt in wesentlichen Teilen aus dem 16., 17. und 18. Jahrhundert. Datierungen sind an Mauersplinten des Ostflügels (1617) und des Südflügels (1724) erhalten. Die Burg ist eine zweigeschossige Anlage aus Backstein. Ihr roter Anstrich ist eine echte Farbenpracht. Dazu kontrastieren die Fensterachsen mit den weißen Sprossenfensterreihen bis zu den Dachgauben. Ein weithin sichtbares und prägendes Element stellt der um 1500 datierte Turm mit Glockenhelm an der äußeren Ecke des Ostflügels dar. Weitere charakteristische Merkmale sind die aus Blaustein hergestellten Gewände der Türen und Fenster sowie der über dem Eingang zum Ostflügel angebrachte Wappenstein und die Stufengiebel. Die ehemals zweigeschossige, im Erdgeschoss gewölbte und mit Walmdach versehene Remise findet sich nordwestlich des Hauptgebäudes im Anschluss an den ehemaligen Westflügel der Burg. Sie kann für Veranstaltungen gebucht werden.

Rot im Grün – die Burg Alsdorf

Die Bergehalde der Grube Carl Alexander

37

Schwebesteg und Himmelsstiege

Oben ist das Panorama grandios. Versprochen! Grandios ist auch der Aufstieg zur Bergehalde der ehemaligen Grube Carl Alexander im Carl Alexander Park in Baesweiler. Zumindest, was die Tour über die 25 Meter lange Hängebrücke, sechs bis zehn Meter über dem Boden, betrifft. Attacke! Auf direktem Pfad zum Bergplateau. 270 Stufen! Erst die happige Treppe im Bergfoyer, dem dunkelrot gestrichenen Empfangszentrum mit Gastronomie, dann hinaus in den bewaldeten Hang. Es ist ein schwarzer Berg, vor dem sich die hellen Birken abzeichnen. Die Hängebrücke führt in den Schwebesteg, der später in die Himmelsstiege übergeht. Spektakulär zwischen Baumwipfeln und stetig steil. Die Belohnung: ein Fernblick bis in die Eifel und zum Niederrhein. Zeit für einen Social-Media-Post. Die Aussichtsplattform ragt knapp über der Abbruchkante. Es gibt (Gott sei Dank) auch einen weniger steilen Weg zum Plateau. Der barrierefreie Bergpfad an der Seite des Hügels ist relativ gut zu schaffen, steigt auch stetig an (vor allem die letzte Rampe), ist aber machbar, für einen Spaziergang oder mit dem Mountainbike. Der Vorteil: Ruhebänke, tolle Ausblicke und ein Ziel: die Aussichtsplattform. Unterwegs sollte man unbedingt einen Abstecher zum Vista-Aussichtspunkt unternehmen. Von dort aus hat man einen herrlichen Rundblick. Im Park unten: rote Riesenschaukeln, originelle Spielgeräte wie Seilrutschen und Sitzmöglichkeiten, toll für Familien mit Kindern. Eine Einladung zum Verweilen, Schauen, Spazieren, Laufen, Radfahren. Ein Haldenrundweg folgt der äußeren Parkbegrenzung über gut drei Kilometer. Vorbei am Jugendcamp mit Campbox und Freiflächen. Wer die Seele baumeln lassen möchte, findet Bänke, aber beispielsweise auch Hängematten oder Sitznester. Es gibt einen Parkplatz am Gelände. Oder man spaziert von der Baesweiler Stadtmitte aus in der Verlängerung der Carlstraße über eine breite Trasse.

baesweiler.de

In der Ferne so nah, Plattform der Bergehalde in Baesweiler

Eschweiler

Vom Carré bis zum Karneval

38

Die Stadt an der Inde war neben Stolberg und Kornelimünster mit am stärksten von der sintflutartigen Katastrophe im Juli 2021 betroffen. Die Innenstadt mit ihrem Carré der vielen Einzelhandelsgeschäfte ist auf einem guten Weg. Eschweiler rangiert unter den top Karnevalshochburgen Deutschlands ganz vorne. Feiern ging man sonst vor allem in der legendären Schnellengasse in den 1980er- und 1990er-Jahren. Aus alten Bars entstanden Kultkneipen wie Bei Harald oder Kleiner Gürzenich (Babbes). Die Schnellengasse hatte sogar einen Ruf bis ins Kölner Milieu. Denn das kleine Spielcasino war bei Zockern über die Region hinaus bekannt. Welcher Babyboomer aus der Region erinnert sich nicht an die Zeiten der Disko Glorys und ihren coolen DJ. Der letzte große Tanztempel Eschweilers, das Klejbor's, schloss vor wenigen Jahren. Geblieben und so anziehend und attraktiv wie nie, ist der Eschweiler Marktplatz mit seinen Kneipen und Restaurants (Der Grieche gilt als echte Institution wie auch das Mexi & Co.), von dem die immer noch existierende Schnellengasse abgeht. An Hausnummer 1 steht dort heute das Schneckes, eine Kultkneipe aus den fetzigen 1980er-Jahren. Der schwarze Berg (251 Meter über Normalnull), heute ein Biotop mit herrlichen Möglichkeiten zum Spazierengehen, zeugt von der industriellen Vergangenheit der Stadt, wo Kohle gefördert und Ziegelstein gebrannt wurde. Auf seiner Spitze befindet sich ein Holzkreuz und ein Aussichtspunkt. Herrlich ist der Ausblick. Sehenswert: Stadtwald mit Eichen und Buchen. Prächtige Häuser an der Uferstraße, älter als 100 Jahre sowie Hausfassaden in der Johanna-Neumann-Straße und der Englerthstraße. Gehöfte und Burgen liegen versteckt und verstreut, wie der Drimbornshof, ein ehemaliger Ritter- und Adelssitz (1585) sowie der Broicher Hof, ebenfalls Hort eines Ritters aus dem 15. Jahrhundert, beide im Stadtteil Dürwiss. Oder das ehemalige Schloss und Herrenhaus Palant in Weisweiler.

Durchgang von der Dürener Straße zum Eschweiler Marktplatz, links die Fassade der Kirche St. Peter und Paul

Der Blausteinsee

Naherholung pur

39

Als 2014 das Seehaus 53 als Gastronomie mit ausladener Terrasse und Seeblick eröffnet wurde, war das Freizeitzentrum am Eschweiler Blausteinsee komplett.
Nach 1987 wurde mit der Rekultivierung des ehemaligen riesigen Braunkohletagebaus begonnen. Im Frühjahr 1994 verließ der letzte Absetzer den Tagebau. Daran erinnert heute der kleine Skywalk, eine Nachahmung als Stahlkonstruktion am See mit Blick über das Blau und Grün des Seegeländes mit der Seebühne. Viele Einheimische erinnern sich daran, dass – wie es damals hieß – aus dem Baggerloch ein toller See entstehen sollte. 1994 schossen tatsächlich die ersten Wasserfontänen mit jährlich bis zu 6.700.000 Kubikmetern Wasser in den See. Es dauerte dann etwas mehr als zehn Jahre, bis 2004 der See wie geplant gefüllt war, auf 100 Hektar Fläche und einer maximalen Tiefe von 46 Metern. Hier standen einst die Dörfer Lürken, Langweiler, Obermerz, Laurenzberg und Langendorf, die 1982 umgesiedelt wurden. 2000 wurde der Blausteinsee offiziell eröffnet, zunächst mit einem provisorischen Containerdorf. Und 2022? Fast zu jeder Jahreszeit und vor allem bei schönem Wetter toben sich hier die Freizeitsportler aus: am und auf dem See beim Tauchen und Segeln (für beides gibt es einen Service vor Ort), Surfen, Schwimmen, Paddeln, Kanufahren, Angeln und Yoga. Rundherum ein umlaufender Weg mit Bäumen und Büschen als Grüngürtel (5,1 Kilometer lange Wanderung um den See). Skater, Radfahrer, Scooter, Ballspieler, Boulespieler, Jogger und Walker: Ein sportliches Völkchen teilt sich das Terrain. Der Name des Sees geht übrigens auf das Flurstück nördlich von Eschweiler „Am blauen Stein“ zurück. In der Nähe des Sees liegt ein beliebtes Freibad.

blausteinsee.com

Soll an einen Absetzer aus dem Tagebau erinnern, der Skywalk am Blausteinsee

Das Haus Kambach

Birdies und Bogeys an der Burg

40

Wunderschön liegt sie in ihrem ruhigen Naturraum mit 75 Hektar Fläche in Eschweiler-Kinzweiler. Die barocke Wasserburg von Haus Kambach ist wohl das am besten erhalten gebliebene Ensemble unter den vielen Höfen, Burgen und Schlössern im Raum Eschweiler. Die Anlage dient heute sowohl sportlichen als auch kulinarischen Ambitionen. Der Golfclub Haus Kambach gilt als einer der Top Places (18-Loch-Mastercourse, der 2000 Spielort der PGA European Seniors Tour war) für diesen angesagten Sport im Dreiländereck. Die Burg und die Brasserie des Clubs stehen als gastronomische Adresse und als Event-Hotspot der Region hoch im Kurs. Die Brasserie ist auf der linken Seite der dreiflügeligen Vorburg untergebracht. Ihre Terrasse thront erhöht. Der Blick über die Greens bei Sonnenuntergangs bietet eine bezaubernde Kulisse über Wiesen und Wälder hinweg. Stilvoll geht es in den Gemäuern der Kernburg auf ihrem Wassergraben zu. Letzterer wird vom namengebenden Kambach gespeist, der aus zwei Quellen im nahe gelegenen Kambachwäldchen entspringt. Durch ein Portaltor in der Vorburg und über die Steinbogenbrücke gelangt man zum kleinen Vorgartenhof. Rechterhand ragt der deutlich größere, quadratische Turm mit schiefergedeckter Haube, geschlossener Laterne und Wetterfahne auf. Man vermutet, dass die Geschichte dieses Herrensitzes über 600 Jahre zurückreicht. Bis ins Jahr 1463, in dem sich der erste Besitzer, Jakob Adam von Broich, nachweisen lässt. Der kleine Park auf der Westseite beherbergt eine Kuriosität. Die „Kambacher Couvenvasen“ und der steinerne Früchtekrug gehen auf den berühmten Architekten Johann Joseph Couven (1701–1763) zurück. Tolle Panoramen eröffnen sich einem auf dem öffentlichen Feldweg durch die Anlage hindurch.

haus-kambach.de

Wasserburg Kambach

Die Gedächtniskapelle Kirchspiel Lohn

41

Nichts ist mehr, wie es einmal war

Weite und Wind, Fernblicke und Felder. Staunen über den nahen, gespenstigen „Abgrund“ des Tagebaus, der bei Wind wie in einem Sandsturm flimmert. Emotionen und Erinnerungen beim Blick in das Kirchlein. Die Gedächtniskapelle Kirchspiel Lohn liegt wie verloren in der Landschaft, symbolhaft für den Verlust der Ortschaften Lohn, Pützlohn, Erberich, Fronhoven, Langendorf und des Ritterguts Hausen, die dem Kohleabbau weichen mussten. Die Idee zum Bau der Kapelle geht auf Peter Lentzen und Josef Dickmeis zurück. Im November 1982, als sie vor den Trümmern ihres Heimatdorfes Lohn standen, kam ihnen der Gedanke, nach der Rekultivierung eine Gedenkstätte dort zu errichten, wo die alte Pfarrkirche gestanden hatte. 1991 wurde der Förderverein Gedächtniskapelle Kirchspiel Lohn gegründet. Am 12. November 2001 konnte der erste Spatenstich erfolgen und am 29. Juni 2002 die Grundsteinlegung – genau 100 Jahre nach der Grundsteinlegung der alten Pfarrkirche. Am 25. Mai 2003 erfolgte die feierliche Einsegnung. Durch eine famose Lindenallee mit mehr als 180 Bäumen erreicht man diese wichtigste Gedenkstätte am Kirchspiel-Wanderweg neben verschiedenen Erinnerungssteinen und Kreuzen für die Dörfer. Hinter dem Gasthof Rinkens in Eschweiler-Fronhoven links vorbei, vom Blausteinsee aus, geht der Weg am Ende der Straße in Feldwege über, die zur Kapelle führen. Empfehlenswert ist ein Spaziergang von Fronhoven aus, immer entlang am Kirchspiel-Wanderweg. Natürlich geht auch Radfahren, denn es ist schön flach hier. Beide Möglichkeiten beginnen und enden an der modernen Kirche St. Silvester in Neu-Lohn. Die Wandertour ist elf Kilometer lang, der Walking-Trail sieben Kilometer. Die grüne Farbe bezieht sich auf die Wanderroute, die blaue auf die Walkingroute. Auch ein Radweg ist beschildert (rotes Fahrrad als Zeichen). Auf einer Informationstafel in der Nähe der Kirche St .Silvester erhält man einen Überblick über den Verlauf der Wander- bzw. Walkingstrecke. Auch ein Blick in die Kirche lohnt sich.

Die Kirche von Neu-Lohn, einsam auf weiter Flur

Burg Rode

42

Der Stolz der Stadt Herzogenrath

Die ehemalige Zollburg thront imposant über dem Zentrum von Herzogenrath. Die dicken Mauern mit den markanten Zinnen sind ein echtes Bollwerk, das die Hauptburg mit ihren hübschen Treppengiebeln und dem schmalen Eckturm sowie dem dicken Wehrturm schmückt. Man kann um die Burg herumgehen. Der offizielle Zugang liegt an der Burgstraße. Der heutige Burggarten, der zum Beispiel Schauplatz für Open-Air-Events ist, befindet sich an der Kleikstraße. Der Burghof wird im Sommer nur an Wochenenden und bei schönem Wetter als Terrassencafé genutzt. Von den mächtigen Zinnenmauern schweift der Blick hinüber bis zu der Bergehalde der Grube Adolf in Merkstein und über die Altstadt Herzogenraths hinweg. Ihre wichtigste Funktion in der Neuzeit hatte die Burg wohl, als sie von 1913 bis 1978 das Rathaus von Herzogenrath stellte. Auch heute gibt es hier noch einen Bürgerservice, nämlich die Möglichkeit, im romantischen Idyll zu heiraten. Die beiden Salons und das Turmzimmer können für Festlichkeiten angemietet werden. In der Burg befindet sich in den Gewölberäumen eine Dauerausstellung. Das Thema ist der Erlebnisraum Römerstraße, ein Projekt des Landschaftsverbandes Rheinland.

Burg Rode wurde 1104 erstmals urkundlich und im Jahre 1282 (durch König Rudolf von Habsburg angeordnet) als Münzstätte erwähnt. Die Burg war anschließend im Besitz der Herzöge von Brabant, bis 1425 in den Händen der Herzöge von Burgund und zeitweise an Jülich verpachtet. Als Kaiser Karl V. sie zurückkaufte, wurde sie anschließend Teil des Habsburgerreiches. Ab 1794 stand sie unter französischer Verwaltung und kam nach 1814 zu Preußen, wie auch die Stadt Herzogenrath selbst. Heute profitiert die Burg von der Sorgfalt des Vereins Burg Rode Herzogenrath e. V.

Tipp: Ein Besuch kann mit einem Spaziergang um den kleinen Weiher ganz in der Nähe und/oder einer Einkehr in das daran anliegende Restaurant Seehof verbunden werden. Sehr schöne Terrasse am Wasser und ansprechendes Interieur. Eine Ausflugsgastronomie par excellence.

Die Burg Rode im Zentrum von Herzogenrath

Höfen – Naturbild der Nordeifel

43

Vom Nationalpark-Tor zum Heckenweg

Hecken im Monschauer Land sind seit dem 18. Jahrhundert urkundlich erwähnt. Die bis zu 300 Jahre alten Hecken werden bis zu sechs Meter hoch, ein Meter tief und 30 Meter lang und dienen seit jeher als idealer Schutz vor kalten Winden, Schlagregen und Schnee. Früher dienten sie zusätzlich als wertvolle Brennholzquelle, die nah am Hof lag. Die schönsten Hecken stehen an der Weiher- und an der Triftstraße. Ein Spaziergang oder eine Wanderung durch Höfen entlang des Heckenweges (5,3 Kilometer) vermittelt einen interessanten Eindruck ländlicher Lieblichkeit. Startpunkt ist das Nationalpark-Tor Höfen. Dort beginnt der Rundweg zunächst über verkehrsarme Nebenwege durch das idyllische Dorfpanorama Höfens bis zur Schmiedegasse. Hier trifft man auf den Eifelsteig, dessen Trasse über etwa eine Strecke von 1,2 Kilometern mit dem Heckenweg identisch ist. Der Eifelsteig ist einer der führenden Premiumwanderwege in Deutschland und führt von Aachen nach Trier. Famose Fernsichten erlebt der Wanderer dann hinter dem Wiesengrund am Heckenweg: Von Mützenich im Westen mit dem 659 Meter hohen Steling, der höchsten Erhebung in dieser Region, hinüber nach Imgenbroich und Eicherscheid im Norden bis auf das Weideland bei Rohren im Osten kann man den Blick schweifen lassen. Schließlich gelangt man zum südlichen Ortsrand von Höfen und zu einem „Eifelblick", einem der besonders gekennzeichneten Aussichtspunkte. Der Weg führt nun zum Naturhaus Seebend und zur Straße Im Sief, wo ein steil ins Perlenbachtal hinabstoßender Hohlweg ebenso ein Hingucker ist wie der romantische Winkel Heckel's Pad. Es gibt eine leichtere Version (circa drei Kilometer) des Weges. Auf diese Weise können Menschen mit Behinderungen, Familien mit Kindern sowie ältere Menschen diese veritablen Naturschönheiten gemeinsam genießen.

eifelverein-hoefen.de | hoefen.de | monschau.de | eifel-blicke.de

Das Heckendorf Höfen

Der Rahmenberg in Monschau

44

Vom gespannten Tuch zur spannenden Kunst

Auf dem Weg zum und vom Marktplatz aus kann man sie gut betrachten, am Hang über den Dächern der Fachwerkhäuser hinweg: die aufgespannten Kunstwerke am Rahmenberg in Monschau. Die immer sichtbare Freiraumgalerie ist eine neue Attraktion mit direktem Bezug zur Geschichte der Tuchmacherstadt. Junge Künstlerinnen und Künstler gestalten und interpretieren die historische Bedeutung dieses Bodendenkmals der Industriekultur immer wieder neu. Da das Tuch früher bei der Produktion durch das Walken verfilzte, sich verdichtete und sich seine ursprüngliche Form zusammenzog, musste es nach dem Herstellungsprozess in Rahmen gespannt werden und trocknen. Ideal dafür erschienen die umliegenden Hänge über dem Monschauer Tal. Voraussetzung: Bruchsteinmauern, die das Terrassieren erst möglich machten. Dann wurden Holzrahmen aufgestellt, auf die man das Tuch zum Trocknen spannte. Nach dem Ende der Tuchmacherära verkam der Hang und verwilderte. 2017 hatte dann eine Monschauer Interessengemeinschaft die Idee, den Rahmenberg wieder freizulegen und der urbanen Kunst Spielraum zu geben. Ein Anfang wurde im März 2021 gemacht. Ganz nah an diese Installationen heran kommt man über den sogenannten Panoramaweg, der rund um Monschau auf steilem Gelände verläuft, über rund 2,1 Kilometer. Die Aussichten auf das Nest, in dem sich Monschau kuschelt, sind wunderschön. Wer den recht anstrengenden Anstieg zum Haller (Burgturm oder Vorburg) nicht scheut, der kann auch auf diesem Weg direkt zum Rahmenberg gelangen. Beeindruckend ist hier der Blick vom Aussichtspunkt „Halber Mond". Vom Marktplatz aus hingegen geht man über die Ruhrbrücke vorbei am Rur-Café, dann kurz rechts in die Eschbachstraße und sofort wieder linkerhand eine versteckte Treppe hinauf. Ein Geheimweg? Um Ecken, an Nachbars Garten, hinauf Richtung Rahmenberg. Auch hier ist es eng, steinig und recht steil, aber alles gut machbar. Am Treppenbeginn liest man die Beschilderung „Zum Panoramaweg" und darunter „Liechepättche", was Leichenpfad bedeutet, denn hier ging nach den Exequien früher der Trauerzug mit dem Sarg hinauf zum Friedhof.

Kunst am Hang, der Rahmenberg

Der Panoramaweg

Adlerblick und die Balance einer Bergziege

45

Der mächtige Turm Haller, der Kierberg, der kunstgesäumte Rahmenberg, die wuchtige Burg … skizzieren den Panoramaweg rund um Monschau über etwas mehr als zwei Kilometer Länge. Die Hangwege muss man regelrecht suchen. Sie führen unten aus der Altstadt über verschiedene Zugänge hinauf, wie auf den Kierberg (450 Meter). Spannend, steil und mit famosem Blick. Nichts für Flanierende. Die schlendern ausgiebig durch die Gassen mit Fachwerkflair. Hier schweift der Blick auf die prächtigen Fassaden, die Rur und die Auslagen der originellen Läden. Zeit, einmal den Kopf in den Nacken zu legen und nach oben zu schauen? Würde sich lohnen. Denn die Ausblicke sind grandios. Voraussetzung: gutes Schuhwerk und etwas Geduld, Balancesicherheit und Neugier. Die Altstadt präsentiert sich wie auf einem Bild, das eine Drohne aufgenommen hat. Oder wie es sich dem Auge eines Adlers darstellt. Nestcharakter und Schiefercharme, tief im Tal und doch ganz nah. Die meisten Häuser und Gebäude stehen unter Denkmalschutz. Von hier oben wird das herrliche Rote Haus erst recht zum Eyecatcher, trotz des Gewirrs der vielen Häuser ringsum. Unübersehbar. Und dann die Burg … ein mächtiger Baukörper, allgegenwärtig und stark, der viel zu groß für den kleinen Ort zu sein scheint, ein Hort der Kultur (die jährliche „Monschau Klassik“), ein Open-Air-Event der Extraklasse. Startplatz für die Tour: Parkplatz Burgau. Der Panoramaweg zieht sich über die Höhen bis hinaus zur Friedhofskapelle, vis-à-vis der Burg auf der anderen Hügelseite.

eifel-blicke.de | monschau-festival.de

Auf dem Panoramaweg über Monschau

Die Antoniuskapelle in Monschau

46

Ein Platz zum Verweilen und Innehalten

Ist das schöne Monschau auch durch viele Besucherströme bevölkert, so hat es sich dennoch Plätze erhalten, die sich nicht nur in stilleren und besinnlicheren Zeiten als Orte des Innehaltens und Verweilens, als Inseln der Kraft spendenden Ruhe erweisen, oder auch einfach nur, um eine paar Augenblicke für sich zu haben, die Atmosphäre zu genießen und die Anmut des Momentes in sich aufzunehmen.
Ein solcher Ort ist etwa die Antoniuskapelle am Fuße des Stadtparks auf der anderen Seite der rauschenden Rur, unterhalb des Felsens mit dem Kreuz „Maria in der Leyen". Über die Rur-Brücke geht es, dann einen Kiesweg entlang durch einen kleinen Park auf die moderne Kapelle (2003 eingeweiht) zu. Im typischen Bruchstein mit der sich farblich absetzenden roten Türe erbaut, ist sie in kurzer Zeit zu einem Ort geworden, der sehr viel Zuspruch in der Monschauer Bevölkerung gefunden hat. Im Inneren zeigen die kunstvollen Bleiverglasungen der Seitenfenster den Ordensgründer Franz von Assisi, Maria mit dem Jesuskind sowie die Namenspatrone der Stifter der Kapelle St. Mathilde und St. Georg. Im hinteren Teil des sakralen Gebäudes können Besucher rechts und links von der Marmorplatte Kerzen vor der Statue des heiligen Antonius anzünden (Holzschnitzfigur auf einem Sockel an der Rückwand). Die Kapelle ist jeden Tag von 7.00 bis 21.00 Uhr geöffnet.
Hoch oben über dem Stadtkern im Schatten der feudalen Burg haben Besucher die Möglichkeit, eine Rast mit einem famosen Blick über Monschau zu verbinden. An der Schlosskapelle, vor dem Eingang zum Maria-Hilf-Stift (Seniorenzentrum), laden Bänke vor der steilen Wand zur Rast ein. Eine Ruhe, eine Idylle, nichts ist spürbar von den vielen Besuchern aus aller Welt unten in den Gassen. Vor der Burg liegt eine weitere kleine Kapelle – die Lourdeskapelle.

Die Antoniuskapelle unmittelbar an der Rur

Die Norbertuskapelle bei Reichenstein

47

Ruhe und Frieden inmitten der Natur

Vielleicht einer der schönsten Naturflecken nahe Monschau ist das Gut Reichenstein (heute ein Kloster). An der Landstraße 106 von Kalterherberg nach Mützenich erhebt sich auf einer kleinen Anhöhe die Norbertuskapelle, umrahmt von hohen Fichten und Ahornbäumen. Der achteckige Bau mit rundbogigem Portal ist durch das geschweifte Dach, Laterne und Zwiebelhaube charakterisiert. Nebenan plätschert ein kleiner Bach. Diese Wallfahrtskapelle aus markantem heimischen Gestein wurde 1926 in Gedenken an Norbert, Ordensgründer der Prämonstratenser, errichtet. Bis heute stellt sie ein Denkmal des katholischen Glaubens in Erinnerung an die Mönche und Nonnen in Reichenstein dar. Welche Anziehungskraft diese Stätte bis heute hat, davon zeugen etwa 300 Lichter, die wöchentlich vor dem Standbild des heiligen Judas Thaddäus angezündet werden. Nur wenige Schritte weiter steht ein Denkmal, wie man es sich würdevoller, mahnender und prächtiger in seiner Ausstrahlung kaum vorstellen kann: das Kreuz im Venn. Es stellt ein sogenanntes Kleeblattkreuz dar wegen seiner Balkenenden in Form eines dreiblättrigen Kleeblattes. Nahezu monumental sind seine Maße: Sechs Meter hoch und circa 1,3 Tonnen schwer erhebt es sich, fest im Felsen verankert, auf der zerklüfteten Richelsley, einem zwölf Meter hohen und 80 Meter langen, devonischen Konglomeratsfelsen. 31 Stufen führen hier hinauf. Von oben genießt man eine herrliche Aussicht. Der Sage nach wollte der Teufel diesen Felsen auf den Aachener Dom werfen. Über Reichenstein hörte er Glockengeläut auf seinem Weg und dachte, es seien die Glocken des Aachener Doms. Vor lauter Wut soll er dann den Felsen an die heutige Stelle geworfen haben. Im Kluckbachtal in Rohren, etwas außerhalb von Monschau, befindet sich die Lourdesgrotte. In der Nähe des Waldrandes gelangt man zunächst an einen Platz mit mehreren Ruhebänken und einen eingefriedeten Park. Man vernimmt das Plätschern eines Springbrunnens. Pfarrer Hesseler aus Rohren ließ die Grotte 1903 erbauen, eine künstliche Höhle mit Nischen, Säulen und Tropfsteinen.

Die Norbertuskapelle nahe Monschau

An der Struffeltroute in Roetgen

48

Panzersperre, Pfeifengras und Premiumwege

Roetgens Umfeld ist von wunderschöner Natur, man befindet sich hier nahe an Belgien, der Eifel und dem Hohen Venn. Die Vennbahn quert das Gebiet von Roetgen. Es ist ein international prämierter Bahntrassenradweg, einer der längsten seiner Art in Europa. Er ist in illustrer Gesellschaft von acht Kilometern Haupttrasse des Premiumwanderweges Eifelsteig zwischen Aachen und Trier, die durch das Naturschutzgebiet Struffelt verlaufen und die Dreilägerbachtalsperre tangieren. Letztere ist auch in die sogenannte Struffeltroute eingebunden, eine Rundwanderung über knapp zehn Kilometer. Sie ist benannt nach dem Struffelt, der als Rotter Hausberg gilt. Rott ist ein Teil von Roetgen. Auf seinem Bergrücken befindet sich ein wunderschönes, als Naturschutzgebiet ausgewiesenes Hochmoor. Auf über 450 Metern erhebt sich der Struffeltkopf. Viele seltene Pflanzen- und Tierarten leben in diesem einmaligen Biotop. Typisch für den Struffelt ist das Pfeifengras. Die langen Halme mit den violettgrauen Ähren wurden früher als Pfeifenputzer benutzt. Holzstege sorgen dafür, dass man das Hochmoor trockenen Fußes durchqueren kann. Beliebter Startpunkt (neben einigen anderen) zur Struffeltroute ist der Parkplatz Filterwerk Roetgen. Direkt gegenüber auf der anderen Straßenseite führt ein Treppenweg (Beschilderung: Eifelsteig und Struffeltroute) hinauf zur Talsperre. Hier lockt vor allem auch die Aussichtsplattform mit Blick auf die Talsperre. Unweit des Parkplatzes und nicht zu übersehen ist die alte Panzersperre, eine etwa 100 Meter lange Höckerlinie des Westwalls von 1939. Sie ist die einzige in NRW erhaltene Anlage dieser Art, die einen Bach überquert, den Grölisbach. Roetgen war der erste Ort in Deutschland, der von amerikanischen Truppen erobert wurde – geschichtsträchtig, ebenso wie eine Kuriosität im Ortsteil Petergensfeld. Die Grenze zerschneidet den natürlich gewachsenen Ort Petergensfeld/Roetgen seit 1555. Da er damals den Spanischen Niederlanden zuerkannt wurde, nannten die Einwohner diesen Teil des Dorfes fortan „das Spanische". Noch heute heißt ein Straßenname in Petergensfeld offiziell „Spanisch".

Panzersperre an der Struffeltroute

Simmerath – auf dem Wildnis-Trail

In vier Tagestouren durch den Nationalpark Eifel

49

Im Nationalpark Eifel faszinieren Begegnungen mit einer außergewöhnlichen Fauna und Flora. Unter dem Motto „Wald, Wasser, Wildnis“ sind die grandiosen Landschaftsfacetten und die in ihrer Ursprünglichkeit erhalten gebliebenen Lebensräume im Nationalpark hautnah erlebbar. Mehrere Hundert gefährdete Pflanzen- und Tierarten werden in diesem Paradies geschützt. Der Nationalpark Eifel ist Heimat unzähliger Arten – nachgewiesen sind bis heute schon 10.960. Die Gelbe Wildnarzisse kommt hier als Wildpflanze in Deutschland am häufigsten vor. Die seltene Wildkatze hat mit circa 1.000 Tieren bundesweit ihre bedeutendste Population im Eifel-Ardennen-Raum. Der Biber hat eine neue Heimat in den Bächen gefunden und die seltene Mauereidechse huscht unter dem aufmerksamen Blick über von der Sonne gewärmte Felsen. Augen auf und die Sinne schärfen, es gibt viel zu entdecken. Wo gibt es heute noch Fledermäuse, Uhus, Wespenbussarde, Eisvögel, Roten und Schwarzen Milan sowie Schwarzstorch und Neuntöter in natürlicher Umgebung zu erspähen?
Kleine Höhlen in den Stämmen alter Buchen deuten auf einen fleißigen „Zimmermann“ hin, den Schwarzspecht. Später wohnen dann dort Hohltaube, Siebenschläfer und Fledermaus. Das Rotwildvorkommen mit den größten Säugetieren Deutschlands, den Rothirschen, ist im Nationalpark sehr beachtlich. Die vier großen Etappen durch den gesamten Nationalpark Eifel – Wildnis-Trail getauft – bestehen aus Wanderstrecken zwischen 18 und 25 Kilometern Länge. Die erste Etappe geht von Monschau-Höfen im Süden übers Fuhrtsbach- und Wüstebachtal sowie die Dreiborner Hochfläche nach Einruhr. Die zweite Etappe von Einruhr über die Urftseestaumauer, Wollseifen sowie Vogelsang nach Gemünd. Gemünd ist der Startpunkt des dritten Abschnittes über Kermeter, Wolfgarten, Kloster Mariawald nach Heimbach. Das letzte Teilstück verläuft von Heimbach durch den Eichenwald von Hetzingen bis zum Infopunkt Zerkall.
Tipp: Touren unter der Führung von Rangern, zum Beispiel für Familien, starten von den Toren des Nationalparks aus.

nationalpark-eifel.de

Blick von Vogelsang auf den Rursee

Stolberg 2022

Zukunftsfähige Wahrzeichen

50

Die Flutkatastrophe 2021 traf die Stadt mit enormer Wucht. Ein Teil der Altstadt, der Alter Markt sowie das eigentliche Burggelände wurden nicht in Mitleidenschaft gezogen. Im Herbst 2021 begann man damit, die Burg selbst zukunftsfähig zu machen, zu sanieren, renovieren und modernisieren, beispielsweise mit einem gläsernen Aufzug und neuester Gebäudetechnik. Das Ganze soll unabhängig von den anderen Aufbauarbeiten im Frühjahr 2022 beendet sein. Integriert wird die Burg dann in ein aufgewertetes touristisches Konzept, indem zum Beispiel die Stolberg-Touristik eine Zweigstelle an der Burg erhält, in Form eines Glaskubus auf dem unteren Burghof. Dieser wird Bühne und Location für Veranstaltungen sein. Auch die gute Stube Stolbergs, das originelle Museum Torburg öffnet 2022 wieder seine Türen, nachdem die Sammlungen vom Flutwasser beschädigt wurden und teilweise verloren gegangen sind. Durch vielerlei Objektspenden soll das aufgefangen werden. Dann sind hier wieder Relikte aus Industrie und Gewerbe zu sehen, quasi Stolberger Geschichte zum Anfassen: Schmiedearbeiten, Drückbank, Seifenpressen in Aktion sowie eine Kaffeestube mit eigenem Kaffee. Zu sehen sind nostalgische Dinge zum Thema Bier, Seife, Messing, Blei, Mineralöl, Glas, Holz, Leder, Steinkohle …, alles mit regionalem Bezug. Unabdingbar beim Besuch Stolbergs, am besten bei einer Führung, sind die prächtigen Kupfermeisterhöfe, die sowohl in der Innenstadt selbst (zum großen Teil in privater Hand) sowie auch außerhalb der Stadt zu finden sind. Diese Residenzen erzählen von der großen Industriekultur und dem Jahrhunderte andauernden Wohlstand. Außerdem sind sie die architektonischen Meisterstücke in der Stadt, mit herrlichen Innenhöfen, Blau- und Bruchsteinfassaden, verzierten Fenstereinfassungen, majestätischer Ornamentik und einer markanten historischen Ausstrahlung. Es fehlt nur noch das Vorfahren einer Kutsche über das Kopfsteinpflaster bis hin zum Eingangsportal. Das ist filmreif, wie Stolberg schon mehrfach bewiesen hat.

stolberg-erleben.de

Burggasse in Stolberg, unvergleichlich im Dreiländereck

Rundgang durch die Zeit der Stolberger Kupfermeister

51

Wie aus einem Bilderbuch des Mittelalters

Wer durch Stolberg geht oder fährt, kann sich dem Blick auf die charismatische Höhenburg kaum entziehen. Und was sich unterhalb in der historischen Altstadt verbirgt, kann man nur erahnen. Ein Grund mehr, einmal durch die engen Gassen zu schlendern und der Geschichte der alten Industriestadt nachzuspüren. Manch einer ist vielleicht schon hier gewesen, hat sich aber nie so richtig Zeit genommen, genau hinzuschauen, geschweige denn den Geschichten gelauscht, die die Gebäude und ihre Details erzählen. Eine Altstadtführung (rund zwei Stunden lang), organisiert von der Stolberg-Touristik, lüftet viele Geheimnisse um die alte „Kupferstadt". Stolberg steht zwar für eine Hochburg der Messingindustrie, eigentlich ist das hier verarbeitete Material aber Kupfer bzw. eine Kupfer-Zink-Legierung, die man „Messing" nennt. Unsere Stadtführerin Klaudia Penner-Mohren empfängt uns am Galminusbrunnen gegenüber der Stolberg-Touristik. Der 2009 von Bonifatius Stirnberg entworfene und realisierte Brunnen ist ein Spiegelbild der industriellen Entwicklung Stolbergs und ihrer Charakteristika anhand beweglicher Motive: ein Kupferhof, Messinggefäße, Zinkwannen, in denen Kinder spielen und sich mit Stolberger Seife waschen, ein Kupferschläger, ein wassergetriebenes Hammerwerk, Galmei-Veilchen, die berühmten Kurzwaren und der sagenumwobene Zwerg Galminus (mehr über Galminus erfährt man im sehenswerten Industriemuseum Zinkhütter Hof). Wir überqueren die Zweifaller Straße und gehen durch einen Torweg, der auf den Offermann-Platz führt. Plötzlich stehen wir auf einem wunderschönen Kleinod, versteckt hinter den Fassaden der Hauptstraße. In dieser Atmosphäre, strahlt auch der Bach Vicht über das ganze Gesicht. Bäume, Bänke, Bachrauschen, Blumenfassaden und das Ruhe ausstrahlende Flair der alten Bruchsteinhäuschen. „Hier entstand um 1760 ein Tuchmacherhof, welcher von der aus Monschau stammenden Familie Offermann betrieben wurde", erklärt unsere Stadtführerin.

stolberg-erleben.de

Euregio-Bahn Haltestellen in unmittelbarer Nähe:
Stolberg-Rathaus oder Stolberg-Altstadt

Ehemalige Adlerapotheke in der Altstadt

Das Altstadtensemble in Stolberg

52

Vom Offermann-Platz zur Burg, von einem Juwel zum nächsten

Über die kleine Vichtbrücke biegen wir vom Offermann-Platz in die Gasse In der Schart ein. Sie lässt schon verheißen, wie romantisch der Weg bis hinauf zur Burg werden wird, die uns jetzt von hoch oben begrüßt und unsere Blicke begleitet. Der ehemalige Kupferhof Schart wurde kurz vor 1600 von Leonhard Schleicher für seine Söhne als Doppelhofanlage erbaut. Am Ausgang von In der Schart überqueren wir die Burgstraße und nehmen die kleine Gasse hinauf zum Luciaweg. Treppenwege, dicht grün berankte Bruchsteinwände, Brunnen, Sprossenfenster, Laternen, Türme, Gauben, Kopfsteinpflaster, Innenhöfe, wir finden das ganze Repertoire historischer Schatzinseln. Wie geschaffen für die Runde eines Nachtwächters im Schein der nächtlichen Burg. „Den gibt es hier tatsächlich auch“, betont unsere Stadtführerin. „Aber nur bei unseren Nachtwächterführungen, unter anderem in meiner Person, wenn ich verkleidet mit Liedgut und vielen Anekdoten gewappnet, Stolberger Tradition und Brauchtum vortrage“, fügt sie schmunzelnd hinzu. Vor dem Eingang zum eigentlichen Burggelände passieren wir das Museum Torburg. Stolbergs reiche Vergangenheit als eine der ältesten Messingstädte der Welt (seit dem 16. Jahrhundert) wird in sehr interessanten Museen gewürdigt, darunter das in der Torburg. Nicht nur Messing respektive Kupfer spielte in der beeindruckenden Historie Stolbergs eine große Rolle, sondern auch Erz (Galmei), Blei, Kohle, Glas und Holz. Die architektonischen Besonderheiten der Burg zu beschreiben, würde hier den Rahmen sprengen. Wir machen eine Stippvisite. Im Mittelalter als Raubritterburg berüchtigt, wurde diese um 1900 durch den Fabrikanten Moritz Kraus umgestaltet. Palas, Korridorbau, Geschützturm und Gerichtsgebäude sind die Hauptelemente des Zentralbaus. Der Rittersaal ist der größte Raum der Burg, ein Muss! Im nördlichen Burghof (im Sommer mit Terrassengastronomie) verlassen wir die Anlage durch den Dansker (Turm) und durchqueren das steinerne Tor seitlich. „Das parkartige Gelände war in früherer Zeit der erste Friedhof in Stolberg, der sogenannte Burgfriedhof“, erklärt die Stadtführerin.

Finkenberggasse mit Blick auf die Brug

Der Kupfermeisterfriedhof

53

Eine Geschichte, die mit einem Missverständnis begann

Durch den Dansker (Turm) geht es dann über einen grünen Pfad oberhalb der Burgstraße mit Blick auf die drei Kirchen der Altstadt: Vogelsangkirche mit dem Schwan, St. Lucia mit dem Hahn und Finkenbergkirche mit dem Engel. Sie erzählen über die unterschiedlichen Konfessionen, die im 17. und 18. Jahrhundert hier eine große Rolle spielten: Calvinisten, Lutheraner und Katholiken mit ihren Begehrlichkeiten, dem Privilegienneid und den Konkurrenzkämpfen um die Gunst der Herrschaftsrechte der Burgherren. Nun hinab zur Burgstraße, die geradewegs mit ihren breiten Pflastersteinwegen ins Mittelalter zu führen scheint. Architektonische Oasen Stolbergs sind der Alter Markt und der Kunsthof inklusive seiner verschiedenen Ateliers. Sie stammen von ehemaligen Kupferhöfen ab. Ebenso das stattliche Herrenhaus der ersten und ältesten Kupferhofanlage im Stolberger Raum, Burgstraße 21, die von Leonhard Schleicher 1575 errichtet wurde. Es ist das älteste Steinhaus der Stadt. Markant: die goldene Adlerfigur, Symbol der ehemaligen, hier 1790 errichteten Adlerapotheke. Bevor wir den Rundgang am Ausgang der Burgstraße beenden, lohnt ein Abstecher über die Finkenberggasse zum hinter der Kirche (immer einen Einblick wert) gelegenen Kupfermeisterfriedhof (Zugang nur via Tor am Parkplatz) mit einer Vielzahl von eindrucksvollen, aus Blaustein gehauenen und wappengeschmückten Grabplatten der Kupfermeisterfamilien. „Die Geschichte der Kupfermeister beginnt mit einem Missverständnis", erklärt die Stadtführerin. „Sie schmiedeten Messing (damals gelbes Kupfer genannt und noch nicht als Legierung aus Kupfer und Zink bekannt), nicht roten Kupfer, und müssten nach heutigem Verständnis Messingmeister heißen. Doch Kupfer, ein Edelmetall, klingt im Namen besser und ist ja auch nicht ganz falsch." An den verwitterten Steinen noch zu erkennen: Konturen von drei Hufeisen. Das reicht aus, um eindeutig zu sagen, dass es sich um das Grab eines Kupfermeisters handelt. Denn die Hufeisen sind das Zeichen der Familie Schleicher. Etwa 40 Kupfermeisterfamilien waren zur Blütezeit im 17. und 18. Jahrhundert in Stolberg tätig.

Kupfermeisterfriedhof, Nebenpforte

Die Filmkulisse der Altstadt

Stolberg als beliebter Drehort

54

Zwei legendäre amerikanische GMC-Militärlastwagen federn mit ihren drei Achsen über das holprige Pflaster der Burgstraße und nehmen Position auf dem Alter Markt ein. Eine typische schwarze Limousine der 1940er-/1950er-Jahre mit den geschwungenen Seitentrittbrettern, wie aus einem Hollywood-Klassiker entsprungen, wartet in einer Parknische auf ihren Einsatz. Ein Markttag wie aus den fünfziger Jahren wird auf dem Alter Markt vorbereitet: bepackte Drahtesel, Sackkarren, Schubkarren, Kartoffelsäcke und -kisten, Fässer, Milchkannen, Handkarren, Litfaßsäulen … es ist die Zeit der Marketenderinnen. Aus einem beliebten Gasthaus am Alter Markt wurde kurzum die Fassade des damaligen Rathauses. Nicht nur in den Pausen des Filmdrehs hat man auf den Bänken des Alter Markts einen Logenplatz mit Blick auf die Zackenkronen-Szenerie von Burg, Bergfried, Vorburg und Turm der Kirche St. Lucia. So sah es 2020 am Set der ARD-Serie „Ein Hauch von Amerika“ in der Stolberger Altstadt aus (TV-Ausstrahlung: 1.12.2021). Wenn man durch die Kulisse der unvergleichlichen, authentischen Gasse In der Schart schlendert, die mit Kohlehaufen vor den Kellern, Mülleimern, Körben, Korbstühlen, Wäsche auf den Leinen und Gasthausschildern dekoriert ist, so hat manch einer den Eindruck, die Zeit der 1950er-Jahre wäre noch gar nicht vorbei. Nur wenige mittelgroße Städte in Deutschland können sich rühmen, mehrfach Drehorte für Film-und Kinoproduktionen zu sein. Stolberg hat dieses Privileg aufgrund seiner bestens erhalten gebliebenen Altstadt. Man kann zwar noch nicht von Filmtourismus sprechen, aber nur wenige Monate vor „Little America“ hüpfte noch der agile Greis Catweazle über die Brücke des Vichtbaches in Richtung Klatterstraße und begeisterte zahlreiche neugierige Zaungäste. Kein Wunder, wurde diese weltberühmte Figur doch von keinem geringeren als Otto Waalkes gespielt. Nach „Unsere wunderbaren Jahre“ waren dies zwei weitere hochkarätige Filmproduktionen innerhalb der jüngsten Vergangenheit, die teilweise in Stolberg gedreht wurden. Weitere scheinen in der Zukunft nicht ausgeschlossen.

Alter Markt beim Dreh zu „Little America“

Am Museum Zinkhütter Hof

Der lange Pitt und das gewaltige Schwungrad

55

Um es vorweg zu sagen: Das Museum und sein Umfeld sind für mich eines der interessantesten Besucherziele in der Region. Eine Location mit besonderen Kennzeichen und augenfälligen Exponaten. Die Einfahrt führt in ein klassisches Ensemble von Gebäuden aus den dreißiger Jahren des 19. Jahrhunderts, die besonders gut erhalten und daher sehr selten sind: Produktionshalle, Arbeiterwohnungen und die am Ende des Hofes thronende Direktionsvilla. Früher gehörte alles zu einer Glashütte und war anschließend Teil des Unternehmens Stolberger Zink. Direkt fällt hier der hinter dem Direktionsgebäude aufragende Zincoli-Kamin ins Auge, der sonst in Stolberg beim Vorbeifahren den Blicken schnell entgeht. „Der lange Pitt" wird er genannt, ein 80 Meter hoher, stolzer Gesell. Er soll als Leuchtturm sein Licht von einer Plattform über die Region erstrahlen lassen und einen Wegweiser zum angrenzenden, neu geplanten sowie dem bestehenden Dienstleistungszentrum bilden. Mit installierten Webcams soll er ein Auge von oben auf die Dinge werfen. Aufenthaltsqualität und zukunftsorientierter Strukturwandel sind die angestrebten Szenarien. Was letztendlich wie und wann realisiert wird, muss man, ob der schwierigen Zeiten aufgrund von Pandemie und der 2021er-Flut, abwarten. Schon so etwas wie das Wahrzeichen des Museums Zinkhütter Hof ist das unübersehbar monumentale Schwungrad seitlich des Hauptgebäudes mit einem stattlichen Durchmesser von mehr als zehn Metern. Das große Rad wiegt rund 50 Tonnen. Es ist bis 1991 im unmittelbar gegenüber der Straße gelegenen Walzwerk der Zinkhütte Münsterbusch zum Energieantrieb im Verbund mehrerer Räder im Einsatz gewesen. Das Swastika-Mahnmal auf dem Gelände des Zinkhütter Hofes dagegen entstand 2001 zur Erinnerung an die Opfer der Nazidiktatur.

Schwungrad von rund 50 Tonnen Gewicht zum Energieantrieb

Das Museum Zinkhütter Hof (1)

56

Stolbergs Kultur-Hotspot

Im September 2021 feierte das Museum seinen 25. Geburtstag. Ein Hort der Industrie-, Wirtschafts- und Sozialgeschichte sowie deren Geschichten. Es geht nicht nur um Zink und Messing, was man aufgrund des Namens vermuten könnte. Dennoch fing in der Stolberger Industriegeschichte alles damit an. Das Museum, zu dessen Sammlungen drei weitere Orte im Buch folgen, ist zudem eine Location für großartige kulturelle Veranstaltungen und Feiern. Das Gebäude selbst ist schon einer extra Aufmerksamkeit würdig und macht dem Historismus alle Ehre. Dessen Formen (Stilvielfalt vergangener Epochen) fanden hier bereits Einzug in das Gestaltungskonzept in der frühesten Phase der Industriearchitektur. Das Gebäude wurde in den späten 1830er-Jahren als Fensterglashütte angelegt. Kennzeichnend dafür sind die neogotischen Spitzbögen aus unverputztem Ziegelmauerwerk, die den Durchblick von den Galerien zu den Ausstellungsräumen in die ehemalige Fabrikationshalle ermöglichen. Die Metallgeländer auf den Emporen und die massigen Stahlpfeiler sowie die Mauerdurchbrüche verleihen dem Ganzen Licht und Linie als markanten Industrieaspekt. Überhaupt sind die Galerien und Umgänge auf den Etagen über den Ausstellungs- und Veranstaltungsräumlichkeiten ein besonders gelungenes Bauelement, das dem Museum eine Eigentümlichkeit verleiht. Beim Herangehen an die Maschinen und Werkzeuge riecht man Industrie: Metall, Öl, Schmierstoff … „Der Zinkhütter Hof gehörte nämlich zu einem Industriekomplex mit breit gestreuter Fertigungspalette, welcher seinerseits Teil eines Industriegürtels gewesen ist, der sich von Aachen über Stolberg bis nach Eschweiler erstreckte und mit Fug und Recht als erste zusammenhängende Industrielandschaft auf deutschem Boden gelten kann". (siehe stolberg-abc.de, Friedrich Holtz)

www.zinkhuetterhof.de

Blick auf die Halle der Ausstellung zum Thema Nadel

Das Museum Zinkhütter Hof (2)

57

Alles aus Metall

Mit den lokalen Galmeivorkommen fing alles an. Es ist ein zinkhaltiges Erz, das durch seine oberflächennahe Lage früh genutzt wurde. Man verwendete Galmei unter Zusatz von Kupfer und Holzkohle ausschließlich zur Herstellung von Messing. Mitte des 18. Jahrhunderts gelang es erstmals, auf diese Weise Zink zu gewinnen. Vom Putzeimer über Gießkannen als Massenware bis hin zu Sonderanfertigungen entstanden die meisten in der Zinkabteilung gezeigten Objekte aus in Stolberg gewalztem Zinkblech. 2005 wurde im Souterrain der ehemaligen Ofenhalle des Museums die Messingabteilung eröffnet. Sie hat eine große Geschichte in Stolberg, die bereits in der Römerzeit begann und in die Industrialisierung und schließlich in unser Digitalzeitalter überging. Schon ab dem 19. Jahrhundert verlor das Messing in Stolberg jedoch an Bedeutung, weil man reines Zink ohne Galmei herstellen konnte. Während früher das Messing als das Gold Stolbergs bezeichnet wurde, so sind es heute Kupfer und Kupferlegierungen sowie Speziallegierungen, die weltweit auf den Märkten eine große Rolle spielen. Eine äußerst spannende Materie. Weder alte noch neue Technologien kamen/kommen ohne Metall aus. Das leitfähige Material findet man in Batterien, Lampen und Scheinwerfern. In Mikrochips, in Steckverbindungen, in Smartphones, in Elektronik und Elektromobilität. Nicht zuletzt kommt auch ein Teil des Vormaterials zum Prägen der Euromünzen aus Stolberg. Aus den Schmelz- und Gießöfen geht es in die Stranggießanlagen, aus denen riesige Ringe aus Metallbändern gerollt werden, die Coils. Diese können mit ausgeklügelter Technik und großem Know-how bis auf millimeterkleine Banddicken weiter heruntergewalzt werden. Daraus entstehen mithilfe tonnenschwerer Stanzen aus Formen Metallteile in höchster Präzision, die in den oben genannten Bereichen zum Einsatz kommen.

zinkhuetterhof.de

Messingabteilung des Museums

Das Museum Zinkhütter Hof (3)

58

Vom Nadelöhr bis zum Klenkes

Das Museum widmet sich auch der Nadelproduktion, denn Aachen und seine Region galten als ein bedeutendes Zentrum mit einer langen Tradition. Messingdraht wurde bereits ab dem 16. Jahrhundert hier hergestellt und die Zunft der Nadelmacher folgte ab 1584. Später entwickelten sich beispielsweise Rheinnadel in Aachen und die Stolberger Firma Prym zu weltweiten Marken für Nadeln respektive Kurzwaren. Maschinen, Werkzeuge und auch Nähmaschinen sowie Nadelmuster sind in der Ausstellung zu sehen. Man erfährt, was den Durchbruch für das Maschinennähen brachte und damit für hundertfach schnelleres Nähen. Bei der Endkontrolle der fertigen Nadeln lagen diese eng nebeneinander, damit Abweichungen der Länge, der Spitze und der Oberfläche geprüft werden konnten. Fehlerhafte Einzelstücke wurden durch Anwinkeln des kleinen Fingers aussortiert (ausgeklinkt, wie man früher sagte). Der kleine, hochgestreckte Finger, „der Klenkes", war und ist bis zum heutigen Tag das Begrüßungszeichen unter Aachenern, ganz gleich, wo auf der Welt sie sich treffen. Das mit Abstand auffälligste Objekt der Ausstellung ist aber nicht etwa eine Produktionseinheit für Nadeln, sondern ein Fafnir-Oldtimer-Cabriolet aus dem Jahre 1911 mit Speichenrädern. Aus der Aachener Stahlwarenfabrik AG, die als Produktionsstätte für Nadeln gegründet wurde, gingen ab 1912 die Fafnir-Werke AG hervor, eine Automobilfabrik. Denn schon 1899 wurde das Werk von der reinen Nadelproduktion zur Speichenfertigung (die sich ja ähneln) und schließlich zur Autoproduktion erweitert. Wie man erfahren kann, war es von der Nadel nicht weit zur Speiche, zum (Fahr-)Rad, zum Automobil und damit zur Mobilität insgesamt, einem weiteren hochinteressanten Ausstellungsbereich im Zinkhütter Hof.

Ein Fafnir von 1911

Das Museum Zinkhütter Hof (4)

Die Mobilität liegt in Führung

59

Für Freunde von Fahrzeugen und technischen Entwicklungen und allem, was damit zusammenhängt wie etwa der Rennsport, hält die Ausstellung einiges an Storytelling mit entsprechenden Objekten zur bedeutenden Historie der Mobilität im Allgemeinen und deren Aachener Protagonisten im Speziellen bereit. Wie verlief die Entwicklung von der meist gebauten Maschine der Technikgeschichte, dem Fahrrad, bis hin zum Elektroauto? Für stetigen Forscherdrang und Innovationen sorgt die RWTH Aachen, in dessen Folge der StreetsScooter und das e.GO entwickelt wurden, und das scheint erst der Anfang zu sein. Aachen und Mobilität war schon immer eine fruchtbare Allianz. Die Aachener Firma Fafnir steht beispielhaft für die rasche Industrieentwicklung von Verkehrsmitteln um die Jahrhundertwende. Erst entwickelte man Nadeln, dann Speichen und schließlich Automobile. Nicht zu vergessen die Motorräder aus der Region, am Beispiel der beiden bekanntesten Hersteller, Neander und Berlin-Aachener-Motorenwerke. Was wären Autos und Motorräder ohne den Rennsport. Wer weiß schon, dass es um 1900 das internationale Dauerstraßenrennen Berlin-Aachen gab? Auf der legendären Berliner Avus nahmen 1922 sechs Rennwagen des eigenen Rennstalls der Aachener Firma Fafnir teil. Es war die Zeit des großen Rudolf Caracciola. Nicht nur Autos und Rennfahrer/-innen kamen aus Aachen, sondern auch das berühmte Architektur- und Designbüro Tilke, das heute weltweit Rennstrecken entwickelt, stammt von hier. Und Frauen und Autos? Bertha Benz war die erste Frau überhaupt am Steuer (1888). 1909 bekam die erste Frau den offiziellen Führerschein des Deutschen Reichs. Schließlich durchbrachen fahrende Frauen (auch aus Aachen) die Schallmauer zum Rennsport. Die Stolbergerin Inge Stoll begann ihre Karriere mit 17 Jahren als Beifahrerin ihres Vaters. In den 1950er-Jahren bildete sie mit Jacques Drion im Seitenwagen ein internationales Gespann. Nicht zu vergessen Claudia Hürtgen aus Aachen, die 1997 das 24-Stunden-Rennen von Daytona gewann.

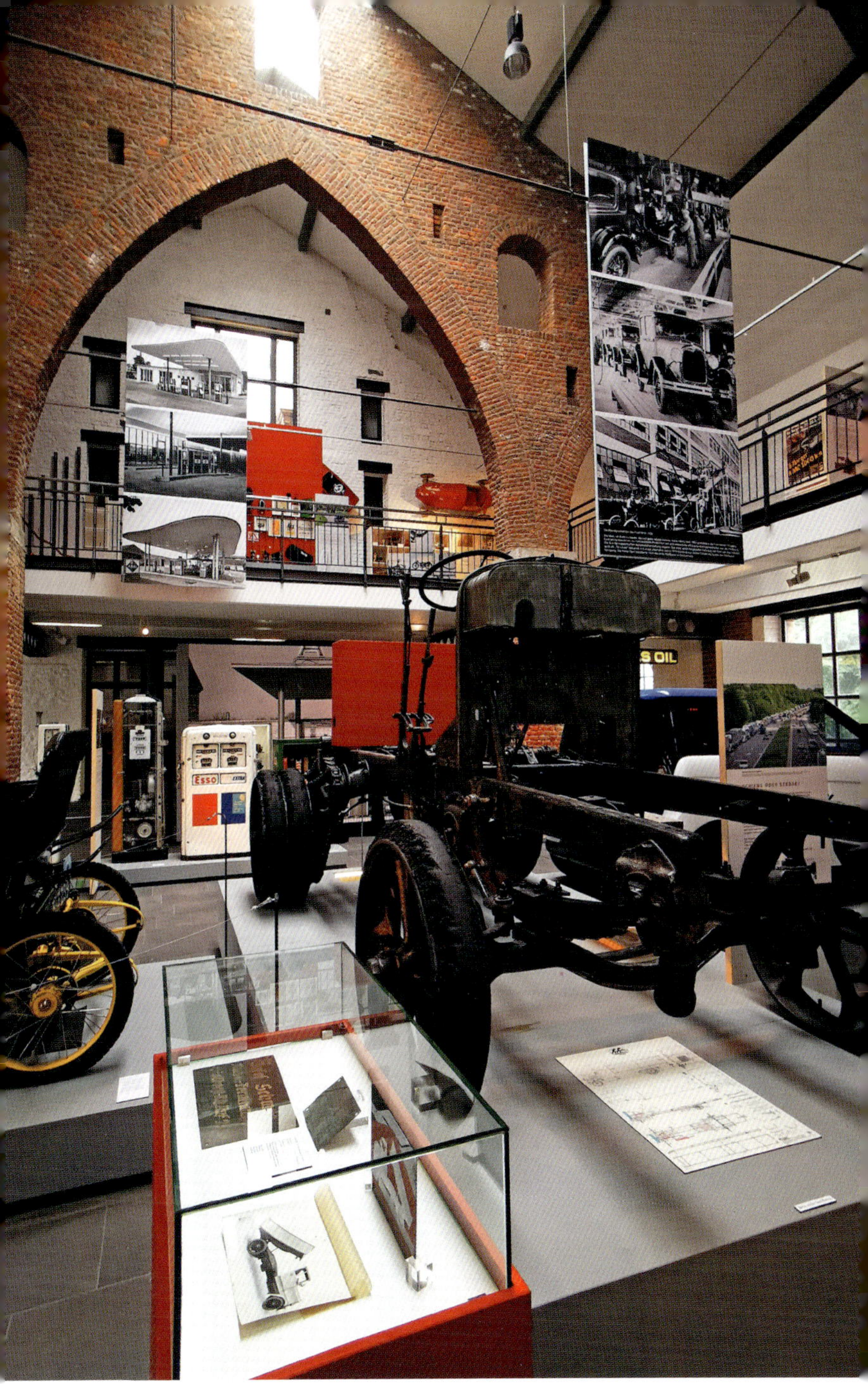

Blick auf die Ausstellung „Mobilität", zu der auch drei der in Aachen entwickelten Elektro-Streetscooter der Deutschen Post gehören

Madame Gâteaux

Tartes- und Tortenträume

60

Als ich vor vielen Jahren im Guide „Die besten Konditoreien Deutschlands" des Magazins „Der Feinschmecker" gelesen habe, dass den Testern des renommiertesten Food Magazins Deutschlands zufolge eine der besten des Landes in Stolberg-Mausbach ansässig ist, also direkt vor meiner Haustür, staunte ich nicht schlecht. Ein Ritterschlag. Wie konnte mir als Experten auf dem Gebiet so eine Adresse bis dato entgehen? Nun gut, das ließ sich ja schnell ändern. Alleine der originelle Name „Madame Gâteaux" klingt vielversprechend, weil kreativ und französisch (so wie die Produkte), auf Deutsch hieße es „Frau Kuchen". Das würde wohl kaum passen. Im Dezember 2012 gründete Romy Knebel die Konditorei Madame Gâteaux und eröffnete ihre Location im Mausbacher Gewerbegebiet an der Werther Straße 6a. Mittlerweile gibt es auch ein zweites Geschäft mit Café in Aachen-Burtscheid in der Kapellenstraße 7. Frische, top Qualität und Individualität hat man sich auf die Fahnen geschrieben. Alles ist hausgemacht bis hin zu den eigens hergestellten Konfitüren, Schokoladen und anderen Delikatessen des Savoir-vivre. Vieles basiert auf dem Einfluss der grandiosen französischen Kunst der Pâtisserie. Trümpfe dieser Konditorei sind vor allem die individuell nach Kundengusto angefertigten Torten zu den schönsten Anlässen, die das Leben so zu bieten hat. Sei es „Wolke 7 Duo"-Törtchen zum Valentinstag, „Tea Time"-Boxen für gesellige Anlässe, Baumkuchen zu Weihnachten oder die berühmten „Bûches de Noël" (dekorierte Schokoladen- oder Mokkacreme-Biskuitrollen, auch Baumstämme genannt) oder „Hokkaido Pumpkin Pies" und spukige Cupcakes zu Halloween. Und warum nicht einmal eine leckere Torte in Form eines Pinguins oder eines anderen Tieres zum Geburtstag der Kleinen. Nicht zu vergessen als Krönung: die Hochzeitstorten, unvergesslicher Höhepunkt eines jeden Festmahls an diesem besonderen Tag. Dazu gibt's feine Törtchen und Petit Four im Sortiment, typisch Französisch, nomen est omen.

www.madame-gateaux.de

Salon des Cafés Madame Gâteaux in Aachen-Burtscheid

Bistro Elle in Stolberg-Gressenich

61

Eines, das in seiner Art immer seltener zu finden ist

Über 120 Jahre hat es auf dem Buckel, das Gebäude an der Gressenicher Elle 3, in denen das Bistro Elle beheimatet ist. Außen charakterisiert durch zwei mächtige Kastanienbäume und den lauschigen Biergarten. Innen durch die einzigartige Atmosphäre des Bistroambientes beschützt von dicken rustikalen Bruchsteinmauern. Bei Kerzenschein, warmen Brauntönen des Dekors und sanftem Licht macht hier selbst die kältere Jahreszeit gute Laune. Seit mehr als 20 Jahren ist es das Refugium von Eckehard Vanderbrück, Wirt mit Passion und Koch aus Leidenschaft. Ein Mann, an dem man nicht vorbeikommt – wenn man gut essen und trinken will. Und wenn man in Stolberg-Gressenich irgendwo hingeht, dann geht man zu Ecki, so der Spitzname des Wirtes. Der Mann ist so was von bekannt in der Region. Das liegt zum einen vielleicht an der markanten Statur, aber vor allem an seinem hervorragend gezapften Bier und den leckeren Speisen. Nach einigen unvorhersehbaren Pausen 2021 durch höhere Gewalt kann man sie nun wieder hören, die berühmten fünf Worte: „Mach uns noch ein Ründchen." Und „zwei Jute!" So wird der Schnaps hier bezeichnet. Ein juter Juter ist folglich ein besonderes Tröpfchen. Und besonders ist auch dieses Bistro, nicht erst nach dem Relaunch. Ein Kleinod in unserer rasanten Welt, das es bis in die Literatur geschafft hat. Denn der in München lebende, aber aus Gressenich stammende Krimiautor Lutz Kreutzer hat das Bistro Elle und seinen Patron in seinem Roman „Die Akte Hürtgenwald" verewigt. In dem viel Lokalkolorit aufweisenden Werk schreibt der Autor dem Wirt des Elle pseudonymisch einen Protagonistenstatus zu. Ein Zufall? In dem Kriminalroman wird das Bistro Petit Marron im Stolberger Stadtteil Gressenich erwähnt, wo ein gewisser „Bierbaron" das Zapfzepter schwingt.

Tipp: Ein Bistro mit Kultur, voilà, denn im Bistrosälchen werden auch hier und da Lesungen, Ausstellungen und Kabarett präsentiert.

Das Bistro Elle in Gressenich: Gemütlichkeit und Genuss beim „Bierbaron"

Das Naturschutzgebiet Schlangenberg

62

Vom Militär zur Mosaikjungfer

Kaum zu glauben, dass in dieser herrlichen Vegetation einmal Panzer durchgebrochen sind. Die einst militärische Nutzung hat heute noch Fahrspuren hinterlassen, die oft mit begehbaren Pfaden verwechselt werden. Doch der Schlangenberg ist ein äußerst sensibles Biotop (bitte unbedingt die Hinweistafeln zu den Brutgebieten beachten) und wartet mit einer weltweit einzigartigen Glameiflora auf: das gelbe Galmei-Veilchen, die Gewöhnliche Grasnelke, die Galmei-Miere, der Galmei-Schafschwingel, das Aufgeblasene Leimkraut und das Galmei-Hellerkraut (Blütezeit Mai bis August). Ein biologisches Kuriosum, denn sie wachsen nur auf stark schwermetallhaltigen Böden und kommen nur hier und im benachbarten Ostbelgien vor. Der Grund: Es wurde über viele Jahrhunderte hinweg eine Zinkhütte betrieben (bis 1883). Genauer gesagt wurden die geförderten Zinkerze bis in die zweite Hälfte des 19. Jahrhunderts hinein für das im sogenannten Galmeiverfahren hergestellte Messing verwendet. Stolberg galt damals als die Messingstadt Europas. Die Natur selbst hat dafür gesorgt, dass die Galmeiflora am Schlangenberg gedeihen kann, denn ihre Wurzel ist durch einen Pilz vor den giftigen Einflüssen des Zinkerzes geschützt. Wenn auch kein echter Geheimtipp mehr, so lohnt es sich auf jeden Fall, vor allem wochentags, einmal hierher zu gehen, beispielsweise bei der Blütenwanderung über acht Kilometer (abgekürzt 6,5 Kilometer), immer der Beschilderung A5/A2/A3/A5 folgend. Startpunkt ist der Parkplatz Waldschänke an der L12, es gibt auch eine Haltestelle für Buslinien ab Aachen und Stolberg. Der Schlangenberg ist die höchste Erhebung (mit Aussichtspunkt) in diesem Naturgebiet (276 Meter über Normalnull). Natürlich gibt es hier auch Schlangen, insbesondere aber seltene Vogelarten wie Heidelerche, Baumpieper und Schwarzkehlchen (Bodenbrüter). Dazu mehr als 40 Tagfalter- und mehr als 300 Nachtfalterarten, Libellen wie die Mosaikjungfer sowie rund 20 Heuschreckenspezies. Ob bei Sonne, Herbstnebel oder Raureif, die Aura des Blühens hat schon etwas vom benachbarten Hohen Venn in Ostbelgien.

stolberg-erleben.de | eifelverein-breinig.de

Der Schlangenberg mit dem Aussichtspunkt, im Vordergrund das weiße Kreuz zur Erinnerung an ein Unglück an dieser Stelle

Mohnen – Angelpark und Aufzucht

63

Feine Fische

Mögen Sie frischen Fisch? Ultrafrisch, um genau zu sein. Den gibt's in der StädteRegion Aachen sogar auf dem Lande. In Stolberg-Gressenich ist einer der größten Fischzuchtbetriebe Deutschlands ansässig, die Fischzucht Mohnen. Und einen wunderschönen Angelpark gibt's auch. Es ist ein ruhiges Dorf, genau mit der Portion Ruhe, die Angler und Fische brauchen. Nicht weniger ruhig ist der Nachbarort Schevenhütte, ein Refugium für die Aufzucht von Mohnen-Fischen mit Regenbogen-, Bach-, Lachs- und Goldforellen. Ihnen kommen höchste Ursprünglichkeit, Naturbelassenheit, sorgsame Pflege und Behutsamkeit zu Wohle. Besondere Exemplare sind die Gold- und Kupferforellen sowie der nach eigenen Angaben deutschlandweit einzigartige Blauforellenstamm. Man befindet sich hier im völlig unbesiedelten Einzugsgebiet des Wehebachs mit sehr sauberem, frischem Eifelwasser, eine urlaubsnahe Idylle in der Nähe der Wehebachtalsperre. Mohnen verarbeitet und veredelt seine Forellen und Lachsforellen sowie Saiblinge, Karpfen und weitere Süßwasserfische direkt aus eigenen Teichanlagen zu hochwertigen Fischdelikatessen vor Ort. Verkauft werden sie in Gressenich im Hofladen und in Eschweiler-Weisweiler, im zweiten Fischgeschäft der Firma, die ebenfalls top frische Mohnen-Fische anbietet. Von Wald und Wiesen eingerahmt, laden drei große Teiche zum entspannten Angeln in Gressenich ein. Vielleicht demnächst an Ihrem Haken: Lachs- und Regenbogenforellen oder auch Goldforellen, Bachsaiblinge, Bachforellen sowie Welse und Karpfen bis hin zu russischen und sibirischen Stören bei warmen Temperaturen. Ein lichtdurchfluteter Kiosk mit Sonnenterrasse bietet sich für eine Pause an und zum Genuss leckerer Fische. Auch am Fuße der Burg Untermaubach im malerischen Rurtal gibt es einen Mohnen-Angelpark.

mohnen-forelle.de/angelparks

Oben: Angelteichanlage Gressenich
Unten: Ein besonderes Exemplar der „Mohnenforelle"

Langes Weltkulturerbe-Wochenende – 3 Orte, 3 Titel

64

Der Kaiserdom in Aachen (1)

Selten hat man die Gelegenheit, innerhalb kürzester Distanz gleich drei Weltkulturerbestätten in zwei Ländern besuchen zu können. Ideal **für ein langes** Wochenende. Freitag steht Aachen mit dem Aachener Dom (das erste Weltkulturerbe-Bauwerk Deutschlands, 1978) auf dem Programm.

Vormittags: Anreise und Check-in im Hotel Mélia Innside, Sandkaulstraße 20, im Stadtzentrum. Anschließend Spaziergang zum historischen Rathaus und zum Marktplatz.

Mittags: Lunch im Ratskeller, eines der authentischsten Lokale der Stadt.

Nachmittags: Flanieren vom Ratskeller über den Katschhof vorbei am Museum Centre Charlemagne, dem Aachener Stadtmuseum, zu Dom und Münsterplatz. Besuch der Domschatzkammer mit Karlsreliquiar und insgesamt 130 Exponaten, herausragend: die silberne und vergoldete Büste Karls des Großen, in dem seine Schädeldecke aufbewahrt wird. Gefolgt vom Oktogon (ehemalige Pfalzkapelle) und der Chorhalle mit prachtvollen Fenstern sowie dem berühmten Karlsschrein. Besonders zu beachten: die karolingische Welt Karls des Großen, die Gotik des Chors und die Pracht des Barocks in der Ungarnkapelle. Im Anschluss: **Rückkehr** ins Hotel.

Abends: Abendessen im Hotel. Restaurant Uptown & Bar in elegantem Loungeambiente, internationale Cross-over-Küche. Imposante Dachterrasse mit einzigartigem Rundblick über Aachen. Zum Abschluss ein Absacker in einer fantastischen, urigen Kneipe, dem Domkeller am Hof 1.

Samstagmorgen: Über die Autobahn E40 Richtung Lüttich, Abfahrt Blegny, zum dortigen Besucherbergwerk (rund 50 Autominuten). Alternativ bietet sich die Sightseeing-Variante über Land durch die herrliche Herver Region mit ihren Ausblicken und Dörfern an. Lütticher Straße, Chaussée de Liège nach Henri-Chapelle, Battice, Herve und Bolland bis Blegny.

melia.com/de/hotels/deutschland/aachen | aachenerdom.de

Blick auf den Dom aus dem Aachener Rathaus

Langes Weltkulturerbe-Wochenende – 3 Orte, 3 Titel

65

Das Besucherbergwerk Blegny (2)

Die alte Mine liegt nur rund 25 Minuten von Aachen entfernt. Sie ist eines von vier authentischen Kohlebergwerken in Europa, deren unterirdische Stollen für Besucher noch über den Originalschacht zu besichtigen sind. Blaumann, Helm, Bergmannstuch, Lampe und ihre stets humorvolle, kameradschaftliche Art, das sind die Erkennungszeichen der Kumpel. Sie führen Besucher in die dunkle Welt der Zechenarbeit. Gut zwei Stunden taucht man ab, hinunter in die wallonische Erde auf den Spuren der Bergleute und ihrer harten Untertageschichten. Ausgerüstet mit Helm und Weste beginnt die Erkundungstour. Ein Knopfdruck und eine kurze Anweisung an den Maschinisten – schon saust man in Sekundenschnelle in die Dunkelheit. Keine Sorge, Kohle schaufeln braucht man hier nicht. Dafür kann es ganz schön laut werden, wenn der Bergmann den Riesenbohrer kurz einmal anwirft. In Blegny begann der Abbau der Kohlevorkommen im 16. Jahrhundert unter Leitung der Mönche des Klosters Val-Dieu.

Essen in der Gastronomie vor Ort:
Restaurant Le Chalet oder Brasserie **Le Puits sans faim**
1980 wurde in Blegny die Arbeit eingestellt. 760 Meter tief ist der Schacht noch heute, allerdings ist er wassergeflutet und so begibt man sich noch zwischen 30 und maximal 60 Meter in die Erde auf die jeweiligen Solen, was schon außergewöhnlich ist. Zur Entdeckung des Bergwerks gehören auch die Sortier- und Waschanlagen der Kohle bis hin zu den Verladestellen.
Nachmittags:
Fahrt nach Spa (circa 40 Autominuten) über die E40 Richtung Aachen, Abfahrt Kreuz Verviers und dann über die E42 (Verviers/Saarbrücken) bis Abfahrt Spa, über die Rue du Haut Balmoral durch den Villenvorort Balmoral.

blegnymine.be

Blegny-Mine ist eine von vier ehemaligen, bedeutenden Bergbaustätten in der Wallonie, die als Weltkulturerbe der UNESCO anerkannt sind.

Langes Weltkulturerbe-Wochenende – 3 Orte, 3 Titel

66

Der Kurort Spa (3)

Samstagnachmittag: Ankunft in Spa, Check-in im Hotel Radisson Blu Palace.
Besuch der Thermen direkt vom Hotel aus mit der Kabinenbahn. Sehr originell: nur dieses Hotel ist mit einem privaten Kabinenaufzug zum Wellnesszentrum verbunden, während die eine Seite der Kabinenbahn öffentlich die Besucher vom Ortszentrum zu den Thermen bringt. Die thronen hoch über Spa. Kurbäder, moderner Wellnesskomplex und Außenbecken mit Blick auf Spa.
Samstagabend: Essen in der dem Hotel gegenüberliegenden Brasserie Bobeline in einem restaurierten Pavillon aus dem 19. Jahrhundert am Kurpark.
Sonntagmorgen: Flanieren vom Hotel am Casino vorbei zur Besichtigung des schönsten Brunnenbaus der Stadt, Pouhan Pierre Le Grand (nach Zar Peter dem Großen benannt, auch Sitz von Spa Tourismus). Spaziergang zurück durch die Altstadt und ein Stück in den Kurpark hinein.
Sonntagmittag: Über die Quellenroute (Route des Sources) Richtung Barisart über die Route de Barisart aus dem Zentrum heraus, zum Quellort Géronstère mit Gastronomie und romantischer Terrasse im Wald (Küche durchgehend geöffnet). Der lauschige Wanderweg Promenade Meyerbeer verbindet die beiden Quellenorte Géronstère und Barisart. Der Bach Barisart ist ständiger Begleiter. Die Stille der Natur, die stete Melodie des rauschenden Baches. Bänke zum Rasten. Gegenüber der Géronstère das Naturparkzentrum von Bérinzenne. Wege ins Venn von Malchamps. Fantastische Fernblicke (Panoramaturm).
Am späten Nachmittag: Rückfahrt

radissonhotels.com/de-de/hotels/radisson-blu-spa | bobeline.be

lageronstere.be | spatourisme.be

Restauriertes Kurhaus von Spa, in Zukunft ein Luxusressort

Der Indemann

Das leuchtende Symbol des Tagebaus

67

An einem Winterabend kurz vor der Dämmerung bin ich ihm zum ersten Mal begegnet. Schon von Weitem faszinierte mich dieser Mann aus Stahl. Der linke Arm ist angelegt. Der rechte ist waagerecht nach vorne gestreckt, er zeigt auf das riesige Kohleabbaugebiet bei Inden. „Seht her, wie sich die Welt stetig verwandelt. Ich bin das weithin sichtbare Symbol für die Perspektiven, die das Indeland seinen Bewohnern bietet. Seine moderne Architektur steht für die technische Zukunft der Region, sein sich ständig veränderndes Leuchten im Dunkeln für den Strukturwandel im Braunkohlerevier, seine Stabilität für die über 10.000 Jahre währende Geschichte des Indelandes", so steht es auf der Website. Immer mehr der 40.655 Leuchtdioden nehmen mit zunehmender Dunkelheit ihr Lichterspiel auf, als wenn sie mich begrüßen wollten. Ich habe den richtigen Zeitpunkt erwischt. Flackern, Blinken, Zucken und Schwirren dieses Farbspektakels wirken selbst an einem dunklen, tristen Winterabend faszinierend. Ein Fest für Instagrammer. Hauptattraktion dieser Stahlkonstruktion von 36 Metern Höhe ist der grandiose Rundumblick über den Tagebau, den man von den insgesamt 216 Stufen der zwölf verschiedenen Ebenen aus genießt. Ein Aufzug fährt bis auf 24 Meter hinauf. Außerdem ist das auf dem Gelände liegende Freizeitzentrum ein Highlight sowohl für Einheimische wie für Touristen gleichermaßen. Kinderspielplatz, Gastronomie, Terrasse. Die Goltsteinkuppe ist eine durch den Abbau von Braunkohle (für das in Sichtweite nahe Kraftwerk Weisweiler) entstandene rekultivierte Abraumhalde, die beim Ortsteil Lucherberg der Gemeinde Inden im Kreis Düren liegt. 2009 wurde der Indemann eingeweiht. Nicht vergessen werden darf in diesem Zusammenhang die große Problematik des Schicksals und auch des Widerstands der Bevölkerung gegen das Abtragen ganzer Dörfer und die Umsiedlung in neue Wohngebiete, um dem Kohleabbau weiter Raum zu geben.

Themenroute: Tagebau in Inden „Vergangenheit, Gegenwart und Zukunft"

www.indeland.de | indemann.de

Der Indemann wirkt wie ein außerirdischer Roboter.

Der Landschaftspark Kammerbusch

68

Ein langer Weg zurück zu Kaisers Zeiten

Strahlendes Blütenbunt verströmen ab Mai die zahllosen Rhododendronsträucher im Landschaftspark Kammerbusch zwischen Heistern und Langerwehe bei Düren. Zwischendrin Zierbauten: Statuen, Bögen, Tempel, Denkmäler, Kreuze, Grotten, eine Burgruine sowie einige Teiche, die das Areal wie in einem englischen Landschaftsgarten verzieren (insgesamt an 21 Stellen). Längst ist dieser Garten nicht mehr so herrschaftlich im Glanz und gut in Schuss wie zu Kaisers Zeiten. Das soll sich jedoch wieder ändern. Viel Arbeit ist angesagt. Um dieses Projekt kümmern sich mit großem Engagement die Eigentümerfamilien Fourné und Willmars. An der dicht mit einem Spalier aus großem Rhododendron bewachsenen Kaiserallee stehen Denkmäler von Kaiser Wilhelm I., Kaiser Wilhelm II., Kaiser Friedrich III., Graf von Moltke und Otto von Bismarck. Zu verdanken ist dies der Verehrung des Fabrikanten Karl Schleicher aus Schönthal, der dieses Revier 1850 erwarb und daraus diesen Landschaftsgarten formen ließ. Die beiden Weltkriege richteten hier großen Schaden an. Der Kammerbusch steht unter Denkmalschutz und wird wieder intensiv gepflegt, um seinen ursprünglichen Charakter rekonstruieren zu können, soweit es geht. Schöne Beispiele für die Restaurierung sind der Wiederaufbau des Luturms 2003, der St.-Anna-Kapelle 2003 und des Hagartempels 2004. Beliebter Rundwanderweg: Vom Kloster Wenau geht es über Heistern zum Landschaftsgarten Kammerbusch und weiter durch das Wehebachtal hinauf zur Laufenburg. Dann läuft man zum Franzosenkreuz und hinüber zur Wehebachtalsperre. Zurück geht es über Schevenhütte durch das Wehebachtal zum Kloster Wenau. Der Kammerbusch ist folgendermaßen zu erreichen: Von Heistern aus: über das Ende der Waldstraße, Parken im Ort. Von Langerwehe aus: Parkplatz Alte Kirche/Sportplatz, von dort in südlicher Richtung zu Fuß bergaufwärts in den Wald hinein, nach wenigen hundert Metern linkerhand in den Park.

Denkmal mit Rhododendron im Landschaftspark Kammerbusch

Der jüdische Friedhof Blumenthal (Hellenthal)

Der grüne Grabsteingreifer

69

Er liegt im Ortsteil Blumenthal an der Straße Am Zengselsberg, von der Schleidener Straße aus Richtung Schleiden kommend, links ab, ansteigender kurzer Straßenverlauf, von der Rechtskurve (vorher Schild: jüdischer Friedhof) noch circa 100 Meter weiter, an einem rechts im Hang etwas tiefer liegenden Wohnhaus links vorne vorbei (zu Fuß, privat). Das Schild „nur für Besucher des Friedhofs" weist auf den im Hang rechts hinter dem Privathaus liegenden Friedhof in einer Wiese hin, hier darf man also ruhig vorbeigehen. Auf dem jüdischen Friedhof, der von vor 1894 bis 1937 belegt wurde, stehen noch 46 Grabsteine (Mazewot). Markant ist der Grabstein von Kappel Kaufmann (gestorben am 18. Juni 1890), der in einen Baum eingewachsen ist. Ein sehr seltsam anmutendes Naturdenkmal, das einem in Erinnerung bleibt. Kappel (auch Koppel) ist eine deutsch-jüdische Koseform des biblischen Namens Jaakow/Jakob. Im Zweiten Weltkrieg wurden hier auch russische Kriegsgefangene beerdigt, die 1949 nach Hollerath und später zur sowjetischen Kriegsgräberstätte Simmerath-Rurberg umgebettet wurden. Auf dem jüdischen Friedhof weihte man 1988, am 50. Jahrestag der *Reichskristallnacht*, eine Mahntafel ein, die den vertriebenen und ermordeten Angehörigen der einstigen jüdischen Gemeinde gewidmet ist. Man sieht an diesem wie auch am zweiten jüdischen Friedhof, in welch unwegsamem Gelände Juden ihre Verstorbenen häufig beisetzen mussten. Der zweite Friedhof wurde 1865 durch die israelitische Gemeinde von der Zivilgemeinde Schleiden gekauft, ein 2.389 Quadratmeter großes, dreieckiges Grundstück in steiler Hanglage am Ruppenberg, vis-à-vis des Schlosses auf der gegenüberliegenden Talseite.

Tipp: Schleiden. Ein Abstecher zu den sehr bekannten Attraktionen dieser Region lässt sich prima einbinden. Dreiborner Hochfläche, Wandern mit traumhaften Fernblicken, Nationalparktor Schleiden, Schloss Schleiden, Wildgehege Hellenthal, ehemalige Ordensburg Vogelsang.

nordeifel-tourismus.de

Naturphänomen – der in den Grabstein gewachsene Baum in Schleiden

Das Degener Oldtimermuseum

70

Alles im Lack auf Burg Vogelsang

Die ehemalige Ordensburg Vogelsang mit ihrem NS-Dokumentationszentrum in Schleiden thront auf einem Höhenzug über dem Urft- und Rursee. Die unglaubliche Ausdehnung des Geländes und seiner NS-Gebäude ist überwältigend.

Überwältigend ist aber auch ein Projekt, das Vogelsang 2022 um ein neues Alleinstellungsmerkmal und eine Attraktion bereichern wird: ein Oldtimermuseum ausschließlich für Opel-Oldtimerfahrzeuge, das im Fahrzeughof und dem Malakoff-Ost-Gebäude im Eingangsbereich der ehemaligen NS-Ordensburg und späteren belgischen Kaserne untergebracht wird. Die Familie Degener aus dem Münsterland hat hier ihren ganz persönlichen Traumort gefunden, an dem ihre Sammlung von Opel-Modellen aus den Baujahren 1932 bis ins 21. Jahrhundert hinein ein würdiges Zuhause finden wird. Und dabei werden hier nicht einfach Fahrzeuge in Hallen gezeigt, sondern die ganze Infrastruktur der Kaserne von den Kellern und Unterkünften über den Kasernenhof bis hin zu den sozial genutzten Räumen und der entweihten Kirche wird Teil eines phänomenalen Museums sein. Wo früher Schulungsräume und Spielstätten für Kinder waren, steht dann womöglich ein Duo von im wunderbaren Glanz polierten Schätzchen aus der Degener Opel-Welt. Unglaubliche 270 Modelle gehören zur größten privaten Opel-Oldtimersammlung Europas, von denen etwa 150 erst einmal im Fahrzeughof gezeigt werden. Restauriert, konserviert und fahrbereit.

Besucher können sich dann am nostalgischen Flair dieser Karossen erfreuen, beispielsweise an Cabriolets, Admiral- und Kapitänmodellen aus den 1950er-Jahren, die einfach nur bildschön sind. Beim Rundgang wird man auch so manche originelle Geschichte erfahren, denn europaweit haben die Degeners seit rund fünf Jahrzehnten unter teils kuriosen Gegebenheiten Oldtimer für ihre Sammlung aufgestöbert.

Die offizielle Eröffnung des Museums ist für den Herbst 2022 vorgesehen. Somit dürfte das sehr sehenswerte Nationalparkzentrum Nordeifel unterhalb des ehemaligen NS-Adlerhofs einen kongenialen Kompagnon bekommen.

Opelmuseum Vogelsang, ehemalige Kasernenkirche mit Opelmodellen

Das Schloss Burgau

Die Hexe Hackefey

71

Im Burgauer Wald, zwischen Düren und Niederau, liegt eine der bedeutendsten Wasserburgen des Rheinlands, Schloss Burgau. Glücksplätze für Ausflügler, Familien, Wanderer, Angler und Naturfreunde. Es geht durch herrliche Mischwälder unter anderem mit bemerkenswertem Berg-Ahorn und ahornblättrigen Platanen. Ein rund zehn Kilometer langer Rundwanderweg führt durch diesen Wald. Neben einem Trimm-dich-Pfad ist er mit einem Forstlehrpfad (2,3 Kilometer) sowie einem (sehr seltenen) Blinden-Waldlehrpfad versehen. Er ist ausgestattet mit Bänken, Hinweisschildern und freien Blicken auf die Fauna des Sees. Vom Parkplatz (Niederau, Von-Aue-Straße 1) aus ist man in wenigen Minuten am Schloss. Die Anlage ist verblüffend groß. Der Eingang erfolgt über das Tor zur Vorburg mit ihrem üppigen Innenhof. Danach geht es über eine Brücke zur Hauptburg hinauf, die auf einer Insel von 50 Metern Durchmesser ragt. Die frühesten Indizien der Herrschaft Burgau stammen aus dem Jahr 1100. Nach seiner Restaurierung 1998 zeigt sich das Gebäude wieder in seinem gelborangenen Anstrich. Es dient heute als Ort für Kulturveranstaltungen. Die Eingänge im kleinen Vorhof sowie die Fenster sind von rotbraunem Stein eingefasst, mit dunkelgrünen Türen. Auffällig ist besonders der 1551 errichtete Erker an der rechten Seite, flankiert von Spitzhauben der am Walmdach klebenden Ecktürmchen, die durch ein markantes weißes Zierband mit Scharten über die Frontseite verbunden sind. Der ideale Ort für Trauungen, die hier auch häufig stattfinden. Der Legende nach wurde die große unzerstörbare Liebe eines frommen Grafenpaars nur durch eine vom Teufel animierte Hexe, genannt Hackefey, entzweit. Im Schloss ist Hackefey auf mehreren Reliefs dargestellt. Selbst Martin Luther soll sie in seinen Tischreden erwähnt haben. (Buch: „Die Hexe Hackefey", Günter Krieger, 2014). Im Juni 2021 wurde der komfortable Biergarten an der linken Seite der Hauptburg mit herrlichem Blick auf den See eröffnet. Man sitzt hier in völliger Ruhe, zwischen Hauptburg, Wassergraben und der Vorburg erhöht im wohltuenden Schatten der Bäume.

dueren-tourismus.info/a-schloss-burgau

Blick von der Haupt- auf die Vorburg am Wassergraben in Burgau

Für ne Fritte mal rüber nach Belgien

72

Kulinarische Kultorte

Das lohnt sich nicht nur für Dreiländer-Schmecklecker. Längst ist sie vorbei, die Zeit der belgischen Frittenbuden, die keinen so sauberen Eindruck hinterließen. Mittlerweile sind sie Kult und an den tollsten Ecken zu finden. Zum Beispiel direkt an der Grenze zwischen Eynatten und Aachen, die Friterie La Quinta, am legendären Tanzlokal La Quinta, eine echt knusprige Adresse. Oder in der kulinarischen Metropole Lüttich. Etwa das Tchantchès am Place de l'Yser, im authentischen Viertel Outremeuse, eine Bude unter den Buchen inmitten von Restaurants und Tavernen. Sie ist dem Lütticher Original „Tchantchès" gewidmet, einer Marionettenfigur, die ganz in der Nähe ein eigenes Theater hat. Schon kurz nach der Eröffnung mit Lob überschüttet wurde das „Saperlipopette à la patate. La Cuisine" in der Rue des Mineurs, in der Lütticher Altstadt. Die in dieser Straße schon bestehenden Geschäfte (Une Gaufrettes Saperlipopette) sind kleine Berühmtheiten in Lüttich. Ihre Lütticher Waffeln, Backwaren, Pâtisserie und das Feingebäck nach althergebrachten Methoden ist einfach zum Fingerlecken. Oder besser gesagt „zum Donnerwetter" noch mal gut (das bedeutet das Wort „Saperlipopette" nämlich). Nun hat man sich entschieden, eine weitere Hochburg belgischen Genusstuns zu werden, in puncto Fritten und Co. Von Hand geschnitten sind sie, hausgemacht und die Saucen frisch zubereitet, jeden Tag auf Neue. Eine Speisekarte, die der belgischen Gastronomie alle Ehre macht. Klassiker wie Lütticher Fleischklöße, Gulasch, Brathähnchen und Königinpastetchen. Und das schöne ist, die Passanten können beim Zubereiten in der offenen Küche zuschauen. Wem dabei nicht das Wasser im Munde zusammenläuft …

Ohne Worte …

Frites suites

Noch mehr Tipps

73

Eine im besten Wortsinn ausgezeichnete Adresse ist die Friterie des Grands Champs in der Rue des Grands Champs. Seit mehr als 20 Jahren verführt man hier mit klassischer Kunst der goldgelben Stäbchen nach Geheimrezepten aus der Familie. Die wohl beste Lage in der Stadt hat die Friterie du Perron, direkt neben dem Rathaus am Markt 1, Rue de Bex. Sie wurde vor gar nicht langer Zeit neu gestaltet und befindet sich in einem der schönsten Bürgerhäuser der Lütticher City. Eine Institution in Lüttich ist seit 1953 das Restaurant Le Concordia, Rue des Guillemins 114, mit durchgehend geöffneter Küche, vielen regionaltypischen Spezialitäten, vor allem aber auch Fleischgerichten aus den verschiedensten Stücken von Schwein, Rind und Kalb, in einer Auswahl, wie man sie selten findet. Und, hier sind sich viele einig: Die hausgemachten Frites zu den rustikalen Gerichten zählen mit zu den besten in Lüttich.

Die Vita der guten belgischen Fritte

1. Geschnitten wird sie aus einer mehligkochenden Kartoffelsorte, der Bintje, auf diese und nur auf diese Sorte schwören die belgischen Frittierer.

2. Sie badet dann in Rinderfett, dem Blanc de Boeuf (die französische Bezeichnung ist mittlerweile überall zur Marke geworden), einmal und noch ein weiteres Mal einige Minuten später. Nur dann erhält sie außen einen herrlichen goldgelben Crunch und wird innen zart, flaumig, Püree ähnlich wie in einer hervorragenden handgemachten Krokette. Manche schmecken auch ein Haselnussaroma heraus, das vom Rinderfett kommt.

3. Ach ja, und mindestens ein bis zwei Dutzend verschiedene Saucen hätte sie gerne zur Wahl. Tipp: Mitraillette (Maschinengewehr) ist das belgische Pendant zu Gyros komplett, nur in einem halben Baguette. Dies wird der Länge nach gefüllt mit Wurst oder Fleischeinlage nach Wahl und mit Pommes Frites als knusprige Schicht plus Saucen und Kraut je nach Kundenwunsch. Warum das Gericht diesen Namen trägt, ist nicht überliefert. Vielleicht liegt es daran, dass man es, ob der Größe, auf dem angewinkelten Arm halten muss, einem Maschinengewehr gleich?

Mekka für Frittenfans in Lüttichs City, die Friterie du Perron

Spa

Weltkulturerbe der UNESCO

74

Was hat man ihr nicht alles für schmückende Beinamen verliehen: Perle der Ardennen, Mutter aller Kurorte, Café Europas. Das 11.000 Einwohner zählende Städtchen in den Ardennen ist seit 2021 Weltkulturerbe im Verbund mit zehn weiteren europäischen Kurbädern als Great Spa Towns of Europe. Der Begriff „Spa“ ist heute eine weltweit gebräuchliche Bezeichnung für so gut wie jede Wellnesseinrichtung oder jeden Ort, der Wasser auf die eine oder andere Weise zu diesem Zweck nutzt. Wohl kaum ein Hotel oder Ressort, das sich Wellness auf die Fahnen geschrieben hat, trägt nicht den Zusatz „Spa“ im Namen. Das Wort „Spa“ kommt von „sparsa fontana“, sprudelnde Fontäne (das gilt als plausibelste Etymologie). Ebenso ist das Mineralwasser von Spa eine Marke. Spas Werdegang zur Mutter aller Kurorte begann schon um 50 n. Chr., als der römische Naturforscher Plinius der Ältere von einem Ort in Belgien berichtete, „wo eine berühmte Quelle sprudelt, in der Luftbläschen moussieren.“ Ihr Wasser ist stark eisen- und kohlendioxidhaltig und besitzt viele, hochqualitative therapeutische Eigenschaften. Markant für Spa sind noch heute die roten Kupferwannen, die gegen die Säure des Mineralwassers beständig sind und seit 1868 in den Thermen verwendet werden. Sie wurden zum Wahrzeichen der Kohlensäurebäder und sind weiterhin in der Therme auf dem Hügel „Annette et Lubin“ hoch über Spa im Einsatz neben der modernen Balneotherapie. Unbedingt sehenswert: Die Quellenroute durch die Buchenwälder, die beiden Pavillons und die Galerie im Kurpark von 1878 (Fertigstellung 2021–2023), das neue Hotel in der umgestalteten alten Therme von 1868, die Kabinenbahn zur Therme, die Villen und Parks (u. a. Balmoral), die Formel-1-Rennstrecke, die Brunnenbauten (u. a. Pouhan Pierre le Grand und La Géronstère).

spatourisme.be

Der Kurpark in Spa wird weiter aufgefrischt.

Verviers, wallonische Hauptstadt des Wassers

75

Weiche Wolle und schmackhafte Schokolade

Wie ist eigentlich Verviers? Die Stadt selbst ist in der Tat kein touristischer Hotspot, sie verfügt aber durchaus über einige Ecken mit besonderer Architektur. Eine dunkle Schatztruhe, aus der einige Schmuckstücke herausblinken (Rathaus, Justizpalast, Brunnen, Parc de Harmonie, Société Royale de Harmonie). Etwas für Entdecker, die sich noch in Erstaunen versetzen lassen, trotz maroder Fassaden, vieler Leerstände und teils auch verfallener Gebäude. Man versucht, wieder aufzustehen, und wer genau hinschaut, der stellt fest, dass das durchaus an einigen Stellen schon gelungen ist. Diese muss man allerdings ein wenig suchen, am besten bei einem geführten Stadtrundgang. Die Stadt hat zudem ein wunderschönes Umland, zwischen Herver Plateau und Hohem Venn stattlich eingebettet. Tradition und Terroir werden hier hochgehalten. Ein Paradebeispiel dafür ist das Refugium eines der weltbesten Chocolatiers, Jean-Philippe Darcis, der sich zu dieser Heimat bekennt. Seine Schokoladenmanufaktur mitten in der Stadt mit angeschlossenen Ateliers, Café und sehr interessantem Museum ist eine absolute Sehenswürdigkeit. Und kein Zufall. Dass Verviers vom 17. bis zum 20. Jahrhundert eine Textilhochburg war, dürfte bekannt sein. Dass die Stadt aber auch eng mit der Geschichte der belgischen Schokolade verknüpft ist, wohl eher nicht. 1860 eröffnen die Geschwister Denoël eine dampfbetriebene Schokoladenfabrik mit modernsten Geräten. Das ist der Anfang eines Schokoladennetzwerks, das bald die ganze Stadt umspannt. Heute sind im Tal der Weser neben Darcis noch zwei weitere, international hochkarätige belgische Konfektkünstler ansässig, Jean Galler und Benoit Nihant. Verviers an der belgischen Weser (frz.: vesdre) war bis Mitte des 20. Jahrhunderts Welthauptstadt der Wolle. Damals hing das „weiche Gold“ (Wolle) eng mit dem „blauen Gold“ (Wasser) zusammen. Dieses besondere Weserwasser in Verbindung mit dem Fachwissen der Handwerker machte die Fasern der Schafswolle weich und glänzend, sodass die daraus hergestellten Wolltücher einen unvergleichlich angenehmen Griff aufwiesen. Die Basis für eine blühende Wollindustrie, die den Bürgern Reichtum brachte.

Wasserspiele vor dem prächtigen Bahnhofsgebäude von Verviers

Der Ortmans-Brunnen

Ein Stückchen Rom auf dem Brunnenrundgang in Verviers

76

Dieser Parcours führt an rund 20 Brunnen unterschiedlichster Stile vorbei. Prunkvoll ist der Ortmans-Brunnen. Für den Bau des Brunnens wurden verschiedene Materialien verwendet wie Haustein, Bronze und Kalkstein. Gleich gegenüber steht einer der Prachtbauten der Stadt, die ehemalige Grande Poste (1910), komplett renoviert. Markant sind der schlanke Eckturm mit Spitze und die vielen durch gotische und Renaissance-Elemente verzierten Giebel. Vor dem Ortmans-Brunnen führt rechts daran entlang die Rue des Raines. Einige 100 Meter weiter auf dem runden Platz steht „das Komma von Gangolf". Diese Brunnenskulptur aus rostfreiem Stahl ist zwei Meter hoch und entstand 2006. Durch ihre Mitte hindurch hat man einen schönen Blick auf die neoklassizistische Kirche Saint-Remacle (1834 und 1838). Beachtenswert sind die Altäre aus dem 17. und 18. Jahrhundert, die Kommunionbank, die Kanzel, die Beichtstühle, das Taufbecken, Orgel und Orgelgehäuse. Dieses prachtvolle Gotteshaus steht in einer Umgebung, die typisch ist für die Kontraste in dieser Stadt. Uralte Fachwerkhäuser (wie das 2020 top restaurierte Maison de Prince aus dem 16. Jahrhundert) zwischen Fassaden mit bröckelndem Putz, marode Gebäude neben restaurierten, eine Stadt, die irgendwie nicht besonders lebendig wirkt, dennoch im Aufbruch zu sein scheint. Ein weiterer Brunnen steht vor der majestätischen Fassade des Bahnhofs am Place de la Victoire. Seine Wasserstrahlen (insgesamt 96) sind kreisförmig nach innen gerichtet. Ganz in der Nähe liegt ein kleines, romantisches Hotel, das Hôtel des Ardennes, Place de la Victoire 15. Wunderbar: Das Café/die Brasserie, klein, gemütlich, außergewöhnlich. Jugendstil, seltenes Ambiente „Style1900".

Der Brunnen ist 15 Meter hoch und 13 Meter breit, ein echtes Monument. Er könnte ohne Weiteres auch in Rom stehen. Es handelt sich um einen Wasserbrunnen, in dem fünf Becken das Wasser aufnehmen, das aus einer Leitung unter dem Sockel fließt.

paysdevesdre.be

Ortmans-Brunnen in Verviers

Der Turm von Larbuisson

Garantiert kuschelig

77

Wie verloren liegt er einsam an der kleinen Landstraße, im Irgendwo des Herver Landes. Eine Landschaft zum sich sattsehen. Wer achtet da schon auf einen kleinen Trafoturm? In den 1930er-Jahren gebaut, um die Haushalte der Gegend mit Strom zu versorgen, und seit ungefähr 20 Jahren außer Betrieb. Genau das ist das Einzigartige an diesem Tiny House. Ein Bed & Breakfast in die schlanke Höhe gezogen, auf gerade einmal 2,50 x 2,50 Meter im Karree. Romantisch eingebettet mitten im Feld. Auch ganz nah grasende Kühe tun der Idylle keinen Abbruch. Der ehemalige Elektroturm von Larbuisson steht in Charneux. Einen Trafoturm umzubauen und pfiffig zu dekorieren, kann wahrscheinlich nur einem Kunstschaffenden einfallen. Und Inhaber Guy Zinnen ist Künstler. Küche, Badezimmer sowie ein Wohn- und Schlafzimmer haben tatsächlich im Turm Platz gefunden. Unten ein kleiner Empfangsbereich. Auch an Besucher ist gedacht, allerdings nur draußen. Auf der kleinen Terrasse steht ein Tisch mit vier Stühlen inmitten des Grüns. Für Licht im Inneren sorgen verglaste Mittelteile der Böden, von oben bis unten. In der Dusche gibt es ein Guckloch nach draußen. Kleine Details erinnern an den ursprünglichen Zweck des Türmchens: „Achtung Todesgefahr“-Schilder oder ein Kleiderständer mit elektrischen Spulen. Ganz oben angekommen wird es kissenkuschelig im gesamten Raum, der Kabine einer Jacht ähnlich. Der erste Blick gleitet durch die Rundumfenster, auf diese sanfte, nie langweilige Wow-Landschaft. Fernsicht wie aus einem kleinen Tower oder einem Cockpit durch die Glasscheibenfront tut der Seele gut. Buchen kann man das Ganze mit Frühstück. Das wird von den Inhabern persönlich serviert. Übrigens steht gar nicht so weit entfernt, in Raeren, ein anderes umgebautes Elektrotürmchen. Enthusiasten haben darin das wohl weltweit einzigartige Möhrenmuseum eingerichtet. Und die Gegend bietet noch viel mehr. Der amerikanische Militärfriedhof von Henri-Chapelle, eine Wanderung zum Kreuz von Charneux (herrliche Aussicht), das man vom Turm aus schon sehen kann, oder Aubel, das Schlemmerdorf, unweit der mystischen Abtei von Val-Dieu, um nur einige zu nennen.

hotels-insolites.com/tour-de-larbuisson

Der alte Elektroturm als Mini-Bed-&-Breakfast mitten im Grünen

Dalhem im Herver Land

Der General und die Eisenbahn durch den Kongo

78

Die Autobahn A44/E40 Aachen–Lüttich nehmen, in Welkenraedt abfahren, der Straße N67 bis auf die N3 Route Charlemagne folgen, die links nach Henri-Chapelle führt. Dort dann rechts in die Route d'Aubel/Rue du Mémorial Américain einbiegen. Diese Straße verläuft über einen beachtlichen Hügelrücken. Immer wieder berührend: der Anblick des 23 Hektar großen Gedenkparks des amerikanischen Soldatenfriedhofs Henri-Chapelle. Gegenüber ist ein phänomenaler Aussichtspunkt eingerichtet. Die Rue du Mémorial Américain geht in die N608 (Lobos) über, an Aubel und Hagelstein vorbei, dann über Neufchâteau nach Dalhem. In der Nähe die Bergbaumine Blegny (sie gehört mit drei anderen Zechen in der Wallonie zum Weltkulturerbe der UNESCO). Zwischen Blegny und Visé an der Maas liegt Dalhem. Dalhem war früher Hauptort der ehemaligen Grafschaft von Dalhem und hatte den Rang einer Stadt. Aus seinem vorspringenden Felsen erhob sich eine Burgfestung (1080) sowie Befestigungsanlagen, deren Ruinenreste man noch heute erkennen kann. Bemerkenswert ist der Treppengang Wichet de la Rose in der Altstadt aus dem Jahre 1620. Treppen führen durch einen Hohlgang hinunter zur Unterstadt, zum Voye de Liège. Gegenüber des Hohlganges befindet sich ein Eingang zu Privatgärten mit den Ruinen des Vorhofes der Burg und den Relikten der die Zugbrücke flankierenden Türme, die unter den Bäumen zu erkennen sind. Das ehemalige Haus (Nr. 16) war jenes des Dr. Jean Gérard Thys, dem Vater des berühmten Generals Thys, der die Eisenbahnstrecke im Kongo angelegt hat. Sein Denkmal steht direkt gegenüber. Links vom Wichet ein kleiner uriger Garten, früher stand hier eine alte Brauerei. Ein Wappenschild in der Mauer datiert von 1575. Die Häuser an der Rue Général Thys stammen aus dem 17. und 18. Jahrhundert, manche von alten Tuchmacherfamilien, Brauherren, Müllern und Handelsfamilien. Gegenüber befindet sich die Kirche Saint- Pancrace, die im 19. Jahrhundert rekonstruiert wurde. Das Gemeindehaus besitzt ein Portal mit Datum von 1665. Auffällig: viele kleine Brücken, denn hier fließen seit jeher die romantischen Bäche Berwinne und Bolland.

blegnymine.be | dalhem.be | dalhem.eu

Hohlweg Wichet de la Rose aus dem 17. Jahrhundert in Dalhem

Der Tunnelweg in Dalhem

79

Einst Versteck für Waffen und Widerstandskämpfer

Am Parkplatz an der Rue du Soldat Joseph Dethier, aus dem Unterdorf Dalhems heraus, am Kreisverkehr rechter Hand halten. Ein wenig weiter befindet sich das kleine Open-Air-Museum (Lore, Infotafeln, altes Halteschild) zum Gedenken an die Bahnlinie und das Bahnunglück von 1991. Seit Mitte 2020 ist der Tunnel wieder geöffnet und restauriert, als Spazier- und Radweg. Er ist 1,44 Kilometer lang und erleuchtet. Ein Geschichtsrelikt: In den beiden Weltkriegen diente dieser Weg als Versteck für Waffen und Widerstandskämpfer. Er ist Teil der Strecke, die das Bergwerk Blegny Mine über Dalhem mit Val-Dieu (Abtei), Aubel und der Linie 38 verbindet (ein RAVeL Rad- und Wanderweg über den ehemaligen Schienenverlauf, der bis vor die Tore Lüttichs führt, mit schönen Ausblicken) – eine riesige Vielfalt an Wegenetz durch das Herver Land. Am hinteren Ende des Tunnels führt ein kleiner Treppenanstieg über den Tunnel hinweg in die Oberstadt von Dalhem. Man kann damit einen kleinen Spaziergang durch den Ort verbinden. Dalhem hat auch kulinarische Reize. Es gibt hier einige kleine Weingüter. Darunter das Château Dalhem. Winzer Bart Nyssen stellt sechs Weinsorten her, die während einer Gruppenbesichtigung (auch in deutscher Sprache) verkostet werden können. Chocolatier und Pâtissier Didier Smeets ist ebenfalls in Dalhem ansässig, sein Refugium an der Rue des Fusillés 1A in Berneau kann besichtigt werden. Der viel beachtete Newcomer trumpft mit überraschenden Kombinationen auf. Sein Karamell mit gesalzener Butter wurde international ausgezeichnet. Wenige hundert Meter auf der anderen Seite Dalhems außerhalb des Ortskerns liegt rechter Hand hinter Bäumen etwas versteckt das Jugend- und Freizeitzentrum im wunderbaren Schloss Dalhem (Francotte), in einem grünen Park, in den man ruhig einmal hineingehen sollte.

ravel.wallonie.be | didiersmeets.com | chateaudedalhem.be

Alter Eisenbahntunnel in Dalhem

Das Museum Vieille Montagne in Kelmis

80

Zink auch für die Dächer von Paris

Die Jugendstilpracht des Gebäudes zeugt vom erlesenen Architekturgeschmack der damaligen Grubenherren der Gesellschaft Vieille Montagne: meisterhaft gefertigte Geländer mit blumigen Ornamenten, bunte Glasscheiben, Terrazzofußböden und mundgeblasene Deckenleuchten. Wir sind im neuen Museum Vieille Montagne in Kelmis. Das wahrscheinlich schon in der Römerzeit am Altenberg (frz.: Vieille Montagne) abgebaute Zinkerz „Galmei" (plattdeutsch: „keleme" oder „kelms") führte zu dem Ortsnamen Kelmis. Vor mehr als 200 Jahren beauftragte Napoleon 1805 den findigen Tüftler Jean-Jacques Daniel Dony mit der Entwicklung eines Verfahrens zur Herstellung von Zink und Zinktafeln aus Galmei. Dony entwickelte daraufhin eine Zinkhütte in der Nähe von Lüttich, er erhielt die alleinigen Rechte zur Ausbeutung der Zinkminen in Kelmis. Die Folge: ein wahrer Zinkboom für Anwendungen von Zink im Haushalt und als Baumaterial, vieles davon ist im Museum ausgestellt. Die Dächer von Paris zum Beispiel des Boulevards Haussmann in Paris wurden oft mit Zinkblech aus Kelmis gedeckt (was 2021 zur Anwartschaft als UNESCO-Weltkulturerbe beitrug). Kelmis wurde zum größten Abbaugebiet für Zink in Europa. Dony ließ später eine Reisebadewanne aus Zink für Napoleon anfertigen (diese ist im Lütticher Museum der Metallurgie zu sehen). „Neutral-Moresnet" hieß die Region rund um Kelmis. Nachdem die Verhandlungen des Wiener Kongresses für diese Region keine Einigung über eine geografische Zuordnung ergeben hatte, stand „Neutral-Moresnet" von 1816 bis 1919 als autonome Zone unter niederländischer wie auch preußischer Verwaltung und besaß eine Grenze zu Preußisch-Moresnet. Beinahe hätte es auch eine eigene Sprache gegeben: In der Region lebte eine große Gruppe von Anhängern der 1887 erfundenen Kunstsprache Esperanto unter der Führung eines legendären Herrn mit dem Namen Molly. Ziel war es in Neutral-Moresnet den unabhängigen Staat „Amikejo" als ersten, eigenständigen Esperanto-Staat zu gründen, wozu es allerdings nie kam.

mvm-kelmis.be/de

Dekor im Treppenhaus des Museums

Hasselt hat's

Trendsetting in der Stadt des Geschmacks

81

Das belgische Hasselt in der Provinz Limburg kann Geschmack – sehr gut sogar. Darin erfindet man sich stetig neu. Als Belgiens vegane Hauptstadt etwa. Denn bei den Belgian Vegan Awards ging fast die Hälfte der Siegermedaillen an Hasselter.
Oder das aktuelle Herzblatt der City: das Quartier Bleu. Shopping und Schlemmen am Wasser mit Blick auf den Jachthafen. Hasselt liegt nicht an einem Fluss. Man hat einen alten Kanal umfunktioniert. Das Ergebnis kann sich sehen lassen. Ein hippes neues Viertel. Geschmack reduziert sich in Hasselt nicht auf das Kulinarische. Hasselt, Smaakmaker & Spraakmaker heißt ein neues Konzept, mit dem die Besucher anhand einer Broschüre (erhältlich bei Toerisme Hasselt, Maastrichterstraat 59, leider nicht auf Deutsch) nach ihrem ganz persönlichen Gusto aus einem Füllhorn der verschiedensten Adressen der Stadt schöpfen können: Restaurants, Cafés, Kneipen, Ateliers, Pralinen, Spekulatius, Mode, Schmuck, Jenever, Museen, japanischer Garten, Street Art und noch mehr Kunst. Die Stadt sprüht nur so vor Inspiration. Ein Tick Chic und Glanz kombiniert mit alternativen und experimentellen Ideen, wie ein aufgewecktes Kleidungsstück der Avantgarde. Hasselt kann nämlich auch Mode, und zwar vom Feinsten. Das Modemuseum ist international bekannt. Den Flanierenden werden die schicken Adressen in der Hasselter City nicht entgehen: Vintage, Concept Stores, Fashion Ateliers, Designer. Beispielsweise La Bottega, ein Konzept im Herzen der Stadt, in der herrlich renovierten alten Jeneverbrennerei van Smeets. 2.000 Quadratmeter Platz mit allem, was das Herz zum Anziehen begehrt: Schuhe und Kleidung für die ganze Familie. Dazu ein Lunchtime Place. Das alles hat schon etwas von Big City Flair, obgleich Hasselt nur rund 80.000 Einwohner zählt, aus diesem Grund jedoch so wunderschön überschaubar ist. Alles ist über kurze Wege zu erreichen.

visithasselt.be

Hasselt, Eleganz und Geschmack

Der Blaue Boulevard

Hasselt Inside

82

Mit dem blauen Quartier (Quartier Bleu) hat man in Hasselt ein ganz neues Viertel aus der Taufe gehoben. Die Flaniermeile Blauwe Boulevard am Kanal, der zum Jachthafen ausgebaut wurde, ist der neue Anziehungspunkt der Stadt. Die Promenade führt zwischen modernen Apartmenthäusern am Wasser und der Shoppingmall vorbei. Sitzbankreihen aus Holz und Metallliegen als Relaxzone. Das Parkhaus Blauwe Boulevard ist sehr komfortabel und bietet direkt oberhalb der Restaurantmeile viel Platz. Man kann hier für zehn Euro einen ganzen Tag lang parken und ist in wenigen Minuten über eine Treppe oder einen Aufzug im Quartier. Alles ist von menschlichem Maß. Hier gibt es weder eine Unzahl an Geschäften noch an Restaurants wie es in vielen anderen Centern üblich ist. Nun sind wir wieder beim Thema Genuss. Am Blauen Boulevard entlang ist die Auswahl für Foodies ein Kaleidoskop moderner Gastronomie, alle mit Außenterrasse. Hier gibt es unter anderem Street Food, spanische Küche, hawaiianische Poké Bowls, Spitzenitaliener, Kaffeebars, Pasta-in-a-Box, vegane Pop-up-Säfte und Smoothies sowie trendige Thai-Küche. Willkommen im Urlaubsfeeling. Trentanove ist ein erstklassiger Italiener. Außergewöhnlich ist das Konzept des Maison Mathis, eine internationale Gastronomiephilosophie, die Dependancen in Dubai, Bahrain und Yale (USA) unterhält. Ein Großraumlokal, das viel Licht und Platz sowie eine ausgedehnte Terrasse am Boulevard bereit hält. Modernstes Design, Loungecharakter, Sitzecken, offene Küche und Bar. Hier kann man ebenso königlich frühstücken (beispielsweise auf der ersten Etage des Hauses bei einem herrlichen Blick über die Stadt) wie vegan lunchen, einfach eine Pizza essen, bei einem Aperitif mit Knabbereien chillen oder auch abends bei Kerzenschein am Wasser dinieren. Als säße man tausend Kilometer südlicher bei Edelfisch oder hervorragenden Fleischgerichten, einer Crossover-Küche und genießt einen Service, der auf Zack ist.

shoppen.quartierbleu.be/restaurants

Der Blaue Boulevard sorgt für Ferienlaune.

Hasselt Smaakelijk

Genuss en gros

83

Noch ausgiebiger ist das Angebot an kulinarischen Orten in der Innenstadt. Eine enorme Vielfalt, über die man nur staunen kann. Oft eingebettet in authentische Gebäude oder in einen Innenhof. In der Nähe des alten Rathauses zieht die sogenannte „geselligste Gasse der Stadt" automatisch die Blicke der Genussmenschen an, auf der Suche nach dem richtigen Lokal. Ob Lombaardstraat oder Groenplein, hier ist es gesellig, aber ruhig, hier kann man chillen mit allem Drum und Dran. Einen ebensolchen Ort findet man am De Walputsteeg, einer Art Hof zwischen zwei Backsteingebäuden. Hier sitzt man Tisch an Tisch unter überspanntem, eisenverkleidetem Glasdach und hängenden Pflanzen, in der sprichwörtlichen belgischen Gemütlichkeit. Der Smaaksalon, der sich in der Maastrichterstraat neben dem Tourismusbüro befindet, lässt die Pracht und Tradition eines klassizistischen Herrenhauses wieder aufleben. Hier gehen die Einheimischen wie die Touristen gerne hin, um limburgische Spezialitäten zu probieren und sei es nur ein Kaffee, ein leckeres Stück Kuchen oder ein Bierchen. Ein ganz besonderer Ort für jedermann. Das Gebäude hieß früher Huis de Corswarem und wurde Ende des 19. Jahrhunderts für Adrien de Corswarem erbaut, der einer angesehenen Familie angehörte. Das herrschaftliche, klassizistische Herrenhaus ist noch heute reich dekoriert. Auch am Zuivelmarkt reiht sich Lokal an Lokal. Hier möchte man gerne Platz nehmen und erfreut sich daran, wie vielseitig das kulinarische und gastronomische Angebot in dieser Stadt ist. Sehenswert: der japanische Garten, der größte seiner Art in Europa, und das Jenevermuseum (auch ohne Besichtigung kann man leckeren Jenever in vielen Sorten im Probierlokal genießen oder das jährliche Jeneverfest besuchen).

smaaksalon.be | walputsteeg.be

Kulinarische Oase am Walputsteeg

Die Abtei von Averbode

Himmlisch gut genießen

84

Die Abtei von Averbode wurde 1134 auf Initiative von Arnold II., dem Grafen von Loon, als Doppelkloster für Prämonstratenser gegründet. In einem Doppelkloster lebten sowohl Mönche als auch Nonnen innerhalb der Mauern. In Averbode wurde schon immer Bier gebraut, die meiste Zeit allerdings von einer außen liegenden Brauerei und nicht vor Ort selbst. Das ist heute anders. In den ehemaligen Wirtschaftsgebäuden ist das Erlebniszentrum Het Moment untergebracht. Hier gibt es ein sehr geräumiges Abteicafé (im Sommer mit großer Terrasse) mit eigener Brauerei, einer Käserei, einer Bäckerei und einem Klosterladen. Die Produkte von Averbode sind ein echter Genuss und alleine schon einen Besuch dieser Abtei wert. Da ist das Blonde Bier von Huyghe, ein Momentum, das hier in einem zehn Hektoliter großen Braukessel vor Ort gebraut wird. Dazu kommt der Abteibierkäse, der wirklich hervorragend schmeckt, vor allem beim hauseigenen Bier und dem vor Ort gebackenen Brot oder den Lebkuchen mit Pfeffer, Honig und Nüssen. Der Eingang zur Abtei liegt an der belebten Abdijstraat. Ein großer Parkplatz befindet sich an der unteren Seite der Abtei an der Herseltsebaan. Ein Fußweg führt zwischen dem nebenan gelegenen Mariapark und dem Abteigebäudekomplex zum alten Eingangstor (Torhaus), das noch heute täglich auf- und zugeschlossen wird und direkt zum „Momentum" führt. Den Blick etwas nach oberhalb zum Eingangstor gerichtet, sieht man die Silhouetten der Abteigebäude und der Kirche. Über das Torhaus aus dem 14. Jahrhundert, das aus lokalem Sandstein gebaut wurde, erreicht man etwas bergan steigend den Vorplatz mit Spiegelwasserfläche. Ein beliebtes Motiv. Auf der rechten Seite befindet sich die Abteikirche, eine Synthese aus Barock und Gotik, erbaut zwischen 1664 und 1700. Durch den Mariapark kann man sehr schön spazieren gehen, ebenso durch den Wald von Averbode. Es lohnt sich auch ein Abstecher ins alte Städtchen Diest, das in der Nähe der Abtei Averbode liegt.

Die Abtei von Averbode bei Diest in Flämisch-Brabant

Borgloon – zwischen den Zeilen lesen

85

Ein schwebendes Kirchlein im Obstgarten

Zwischen Tongeren und Sint-Truiden im belgischen Limburg liegt Borgloon, bekannt für den Obstanbau von Äpfeln, Birnen, Kirschen, Erdbeeren, aber auch Wein. Borgloon ist auch bekannt für ein Kuriosum: das Doorkijkkerkje, das inmitten der Obstlandschaft liegt. An der Hauptader, an der N79 (Sint-Truidersteenweg/Tongersesteenweg), gibt es Parkgelegenheiten, von denen aus man zu diesem originellen Kirchlein, das eigentlich kein richtiges ist, spazieren kann. „Het doorkijkkerkje" (so lautet die Beschilderung; auf Deutsch: „das Durchguckkirchlein") ist ein echter Hotspot im Greenspot von Borgloon (wie eine Wanderung dorthin genannt wird). Die Leute sind nahezu verrückt danach, dieses Kabinettstück von allen Seiten zu betrachten und Fotos für Instagram & Co. zu machen. Das Kleinod scheint gar nicht in die Landschaft zu passen. Das macht es jedoch spannend. Offiziell heißt es hier: „Reading between the Lines" („Zwischen den Zeilen lesen"). Die Installation stammt vom Architektenteam Pieterjan Gijs und Arnout Van Vaerenbergh. Sie besteht aus 100 gestapelten Schichten aus verwitterten Stahllamellen. Eine kurze Berührung, und die Lamellen fangen an, leicht zu schwingen. Je nach Blickwinkel des Betrachters wird die Kirche entweder als festes Gebäude wahrgenommen, oder sie scheint sich ganz oder teilweise in der Landschaft aufzulösen wie beim Beamen auf das Raumschiff Enterprise. Es ist in der Tat nur ein Kirchlein, rund zehn Meter hoch, in dem vielleicht 20 Leute stehen können. Beim Betreten kommt es einem auf den ersten Blick leer vor. Doch das vielfältige Spiel von Licht und Schatten füllt den Raum, macht neugierig. Kurz innehalten. Klar doch. Blicke durch die Lamellen auf die Obstbäume und ein Schloss in der Ferne müssen sein. „Reading between the Lines" ist Teil von PIT. So nennt sich das Projekt „Kunst in der offenen Landschaft" bei Borgloon-Heers.

rlhv.be | wandeleninlimburg.be | visitlimburg.be

Das durchsichtige Kirchlein ist eine überraschende Erscheinung in der Landschaft.

Borgloon – Kunst in der offenen Landschaft

Von der Tränenallee zur Grenze des Zweifels

86

PIT – so nennt sich das Projekt „Kunst in der offenen Landschaft" des Hasselter Museums Z 33 im Raum Borgloon. Sieben Kunstwerke kann man beim Wandern oder Radfahren erkunden. Dazu zählt der Tranendreef, die Tränenallee. In diesem Falle handelt es sich um Zelte, die an Baumstämmen befestigt sind, in Form von großen Tropfen (Tränen), in die man mit einer kurzen Leiter einsteigt. Sie hängen an den Bäumen einer Schlossallee bei Bommershoven. Direkt daneben: die Field Furniture „Pure Nature" von Ardie Van Bommel, quasi „Feldmobiliar". Das sind – auf der Basis von Transportpaletten – Sitz-, Wasch-, Toiletten- und Barbecue-Objekte in der Natur (vom 1. April bis 30. September, zugänglich nur zu Fuß oder per Fahrrad, keine Parkmöglichkeiten in der Nähe). Das Schloss in der Nähe ist kein Geringeres als das Kasteel Hex (in Privatbesitz), berühmt wegen seiner Rosengärten, die zweimal im Jahr beim öffentlichen Gartenfestival im Focus stehen. Zum Rätseln und Entdecken ist das Objekt „Twijfelgrens" von Fred Eerdekens auf dem Bollenberg (Romeinse Kassei), nach einem Anstieg von 0,7 Kilometern ebenfalls am Greenspot Grootloon in Borgloon gelegen. Die sich wie eine Luftschlange windende Skulptur ist nichts anderes als ein Schriftzug, der das Wort „Twijfelgrens" („Grenze des Zweifels") darstellt. Der Clou, man kann den verborgenen Text nur „lesen", sozusagen zur „Einsicht" kommen, im übertragenen Sinne, wenn man die exakt richtige Standposition erwischt. Eerdekens nutzt oft die Sprache als Medium für seine Kunstwerke. Gleichzeitig versteht sich dieses Kunstwerk als Reflexion über die Wirkung von Sprache. Ganz in der Nähe (Kapelle von Helshoven/Roemeinse Kassei) ist auch „Helsh(ea)ven" außergewöhnlich (es gehört allerdings nicht zum Projekt PIT). Eine schwebende Kapelle aus dem Holz von Kirschbäumen. Frits Jeuris entwarf diese Kuriosität mit einem wunderbaren Blick auf die Region Sint-Truiden/Borgloon. Sie steht wie auf einem Sprungbrett über dem Hügel, im wahrsten Sinne des Wortes „hervorragend".

borgloon.be/route-met-pit-kunst-in-de-open-ruimte

Die Tränenallee, originell der Name und die Location

Das Naturgebiet Het Pijnven im Bosland

87

Über den Bäumen muss die Freiheit wohl …

Kreativ sind sie ja, die Flamen. Ein Radweg quer durchs Wasser in einem See nahe Bokrijk brachte ihnen 2018 einen Top-100-Platz in den Worlds Greatest Places im „Time Magazin" ein. Und 2019: Radfahren in den Baumkronen in Pijnven. Beide Spektakel liegen gar nicht weit auseinander, im sogenannten Kempenland im nördlich-belgischen Limburg/Provinz Antwerpen. Die riesigen Kiefernwälder sind durchzogen vom famosen flämischen Fahrradwegenetz mit Knotenpunktsystem. Im dichten Grün der riesigen Wälder hebt sich eine silbergraue Rundbrücke hervor. Sie ist in einem Doppelkreis angelegt, über den man bis auf zehn Meter Höhe in die Baumkronen radeln kann. Näher kommt man den Baumwipfeln kaum, ein 360-Grad-Panoramablick inklusive. Wer hier am Knotenpunkt 272 des Radwegenetzes in höhere Sphären will, fährt auf dem angelegten Weg mit drei bis vier Prozent Steigung einfach in die Steigung des Kreises hinein. Es ist ein ähnliches Gefühl, als fahre man kurvenreich auf ein Parkdeck hinauf. Nur wesentlich schöner, denn man sitzt auf dem Fahrrad, spürt die Frische des Waldes, und die gesunde Luft umschmeichelt die Nase. Der ganze Doppelkreis verläuft über 700 Metern. Wenn man auf dem höchsten Niveau angekommen ist, geht es mit sanftem Gefälle (3–4 %) wieder nach unten. Der Brückenweg ist drei Meter breit. Es können zwei Radfahrer bequem nebeneinander fahren. Doch mit Bedacht. Es geht sicherheitshalber für alle in dieselbe Richtung. An den Seitenrändern sorgen Drahtgitterwände für Sicherheit. Der Weg ist für Radfahrer, Wanderer und Rollstuhlfahrer zugänglich. Der Durchmesser der Brücke beträgt 100 Meter. Sie steht auf 449 Pfählen aus Cortenstahl, welche die geraden Stämme der Kiefern symbolisieren, die für die Brücke weichen mussten, und die als Stütze für den Pavillon und in der Rast-/Infostelle verbaut wurden. Start: Knotenpunkt 272 im Naturgebiet Het Pijnven im Bosland. Man kann kostenlos in der Kiefhoekstraat 16, B-3940 Hechtel-Eksel parken.
Fahrradverleih: **www.fietsparadijslimburg.be**

visitlimburg.be/fietsendoordebomen | bosland.be

Radfahren in den Baumkronen in Pijnven in Belgisch-Limburg

Der Nationalpark Hoge Kempen

88

Radeln durch die Heide

Neben dem „Radeln durchs Wasser“ und dem „Radeln durch die Bäume“ (siehe vorherigen Ort) können Radtouristen auf dem vier Kilometer langen Erlebnisradweg „Radeln durch die Heide“ die sanfte Heidelandschaft im Nationalpark Hoge Kempen genießen. Die neue, 300 Meter lange und 6,5 Meter hohe Fahrradbrücke ist dabei Aussichtspunkt und architektonischer Blickfang zugleich. Die Wände der Brücke sind aus einheimischem Kiefernholz gefertigt und eine Anspielung auf die Limburger Bergbauvergangenheit. In dieser kulturhistorischen Landschaft bei Genk wurden massenhaft Kiefern gepflanzt, um den Bedarf an Holz für die Kohlegruben zu decken. Das Gebiet trumpft mit üppigen Wanderungen und Radtouren, Freizeitparks und sehenswerten Museen auf. Die Halden und Zechengebäude der vergangenen Bergbauära verleihen dem Relief ein markantes Gesicht. Dazwischen: Tausende kleiner Seen, Teiche und Weiher mit besonderer Fauna und Flora. Eine ideale Hilfe ist das optimal ausgeschilderte Knotenpunktsystem des Rad- und Wanderwegenetzes. In der Mitte von Hoge Kempen liegt die Mechelse Heide. Hier befindet sich eines von sechs Zugangstoren zum Nationalpark, das Symbol einer violetten Fußspur steht als Kennzeichen für die Wandermöglichkeiten durch das 700 Hektar große Heideland. Der Hauptweg über schmale, aber gut begehbare, sandige Pfade führt hinauf bis zum höchsten Punkt der Mechelse Heide auf circa 100 Meter. Bei gutem Wetter ist eine Fernsicht bis hinüber in die nahen Niederlande gegeben. Es geht noch mehr beim Radeln: Die neuen sogenannten Ikonen-Radwege führen durch abwechslungsreiche Landschaften und vorbei an den touristischen Highlights der Region. Neun bestens beschilderte Routen und insgesamt über 2.500 Kilometer gut ausgebaute Radwege erschließen ganz Flandern von Hasselt im Osten bis De Panne an der Küste.

visitlimburg.be/nl/fietsendoordeheide | vlaanderenmetdefiets.be

nationaalparkhogekempen.be

Naturerlebnis mit Ausblick, die Mechelse Heide

Weites Wasser

89

Radfahren und Relaxen am Albert-Kanal und an der Maas

Der Albert-Kanal ist zwar in erster Linie eine künstlich angelegte Wasserstraße für die Binnenschifffahrt, doch er hat es auch als Freizeitziel in sich. Ein echter Tipp fürs Radfahren und Relaxen. Ein Grund für seine Attraktivität: Der Kanal ist an vielen Stellen direkt am Ufer mit ausgedehnten Radfahrwegen bestückt. Dazu kommen die wunderbaren Landschaften, durch die der Albert-Kanal verläuft, von Lüttich aus bis hinauf nach Antwerpen mit sehr vielen erlebenswerten Ausflugszielen: Maaseik, Hasselt, Naturpark Hoge Kempen oder dem Park Midden-Limburg. Der Albert-Kanal wurde zwischen 1930 und 1939 angelegt. Benannt ist er nach dem belgischen König Albert I., der am 31. Mai 1930 den Grundstein legte. Auf dem spitz zulaufenden Ende der Insel Monsin in Lüttich steht ein Leuchtturm und darunter befindet sich wie ein Wächter die große Statue König Albert I., die abends illuminiert ist. An dieser Inselspitze im Lütticher Binnenhafen geht der Albert-Kanal von der Maas ab. Seine Bestimmung ist es, zwei der größten Binnenhäfen Europas, Lüttich und Antwerpen, miteinander zu verbinden, ohne dass die Schiffe die Niederlande passieren müssen. Der Kanals ist 129,5 Kilometer lang und hat sechs Schleusenanlagen und 62 Brücken. Ganz schöne Brummer pflügen parallel zu den Radfahrern auf den Radwegen durch das Kanalwasser. Beginn einer Radtour in Lüttich: vom Hafen den Albert-Kanal entlang über den sogenannten RAVeL 1 Est Rad- und Wanderweg. Er begleitet diesen ein Stück durch die Hafenanlagen von Lüttich bis hinaus aus der Stadt und wechselt die Kanalseite. Auch der Radweg an der Maas ist Teil des RAVeL 1 Est. Beide Wasserstraßen führen ihren Lauf ein Stück parallel, bis dann spektakulär durch eine Schneise, dem Caster-Graben, zwischen den Massiven eines Ausläufers des Sint-Pieters-Berges der Kanal nach Flandern abzweigt und die Maas an der Schleuse von Lanaye nach Maastricht. Der Caster-Graben wurde extra für den Albert-Kanal ausgehoben. Dort liegt auch das berüchtigte belgische Bunkerfort von Eben-Emael. Der RAVeL 1 folgt weiter direkt der Maas bis Maastricht. Der Fluss zeichnet genau die Grenze zwischen Belgien und den Niederlanden nach.

Radfahren entlang des Albert-Kanals, bis hoch nach Flandern hinein

Opcanner Anker

90

An der Grenzschleuse von Lanaye zwischen Maas und Albert-Kanal

Die Grenzschleuse von Lanaye ist ein Erlebnis wert (Parkplätze sind vorhanden): herrliche Panoramen, eine erstaunliche Ruhe und selbst an Wochenenden kein Besucherrummel. Der Blick über die beiden blauen Wasserlinien des Kanals und der Maas schweift bis zum Horizont, die Nähe des Wassers lässt Urlaubsgefühle aufkommen, als sei man am Meer, was eine leichte Brise noch verstärkt. Die Schiffe und die Radfahrer sind hier in ständiger Bewegung, mal miteinander, mal in entgegengesetzter Richtung. Über eine Brücke an der Schleuse ist auch der Albert-Kanal zugänglich (Rue Collinet, auch dort gibt es einen Parkplatz, unmittelbar am Kanal und dem Caster-Graben, Trekweg Caestert, zum Teil am Flüsschen Jeker entlang). Er verläuft bis nach Riemst und zur Brücke von Vroenhoven (außergewöhnlich dort: Cafetaria *Onder de Brug* plus Museum direkt am Wasser). Nach Lanaye gelangt man am besten über das hübsche Städtchen Visé, dann über Lixhe (Brücke über die Maas). In Lanaye steht das Museum des Sint Pietersberg (Place du Roi Albert). Zwischen der Nieder-Maas und dem Geer-Tal bietet der Sint Pietersberg ein Ensemble kalkhaltiger Rasenflächen voll überraschendem, biologischem Reichtum: Orchideen, Insekten und unterirdische Gänge. Ein toller Anlaufpunkt (auch per Pkw, nicht nur per Jacht) für den Albert-Kanal ist der Trekweg Opcanne mit einem der schönsten Ausflugslokale, dem Opcanner Anker. Anzusteuern entweder über Riemst oder Eben Emael (Beschilderung). Ganz komfortabel und zwanglos stellen die Radler ihr Fahrrad direkt am Ufer ab und haben es, sehr praktisch, nur wenige Schritte bis zur ausgedehnten Terrasse des Lokals. Ein Genuss: der Blick auf die vorbeifahrenden Schiffe sowie im Hintergrund auf den Pietersberg und die futuristisch anmutende Hängebrücke von Kanne, die abends wunderschön angestrahlt wird und über dem Wasser brilliert. Im Lokal kann man oben auf der Dachterrasse draußen sitzen oder drinnen hinter großzügigen Glasverkleidungen. Doch keine Bange, obwohl es sich um einen Jachthafen handelt, braucht man hier nicht im blauen Goldknöpfe-Zweireiher zu erscheinen und eine weiße Kapitänsmütze zu tragen. Es geht alles leger zu.

Urlausflair direkt am Wasser im Opcanner Anker

Die Mergelland-Route

Ein Streifzug durch Limburgs liebliche Landschaften

91

Malerische Dorfwinkel, historische Bauernhöfe, Wassermühlen, Wegekreuze und Kapellen stehen vollständig im grünen Bereich und bilden Kleinode im famosen Landschaftsporträt der Provinz Limburg. Mittendrin fließen Göhl und Gulp frei durch verwunschen wirkende Naturgründe. Viele schmucke Fachwerkhöfe und -gebäude in strahlendem Weiß konkurrieren mit dem Grün von Weiden und Hagedornhecken. Die Wegstrecken führen an Wassergräben entlang, durch Felder- und Wiesenebenen mit einer seltenen Flora und überwältigender Ursprünglichkeit. Die kleinen Ortschaften liegen an plätschernden Bächen in Talmulden, von sanften Hügelrücken umarmt. Immer wieder sieht man stolze Schlösser und Herrenhäuser, die in den natürlichen Gegebenheiten der Landschaft verborgen liegen. Wanderer und Spaziergänger lieben diesen Flecken, der etwas versteckt, aber ungemein nah an Deutschland zu einem erholsamen Ausflug oder einem mehrtägigen Aufenthalt einlädt. Horte mit umwerfenden ländlich-idyllischen Impressionen gilt es zu entdecken. Hilfreich ist dabei die sogenannte Mergelland-Route, eine beschilderte Rundfahrt. Gekennzeichnet durch braun-weiße, sechseckige Wegzeichen (AMBW Mergelland-Route), auf die man besonders achten sollte. Manchmal sind sie etwas schwieriger ausfindig zu machen. Dennoch kann man sich, wenn man der Route konsequent folgt, kaum verfahren. Circa 115 Kilometer beträgt die ganze Runde. Die Orte der Mergelland-Route: Maastricht, Eijsden, Mesch, Moerslag, Sint Geertruid, Mheer, Noorbeek, Slenaken, Eperheide Epen, Vaalsbroek, Vijlen, Mechelen, Partij, Wittem, Eys, Simpelveld, Trintelen, Fromberg, Ransdaal, Klimmen, Hulsberg, Arensgenhout, Oensel, Ulestraten, Geulle, Bunde, Itteren, Borgharen und Maastricht.

Typisches Gehöft in Mechelen

Epen im Mergelland

Berg und Tal

92

Die Bilderbuchnatur legt sich hier zu jeder Jahreszeit besonders ins Zeug. Kenner und Genießer lassen sich herrliche Touren und Torten in den Regionen Süd-Limburgs nicht entgehen. Der Wanderer schnürt die Stiefel voller Erwartung eines Erlebnisses in intakter Natur am Flüsschen Geul, durchzogen von Wanderwegen abseits ausgetretener Pfade, quasi über Stock und Stein, durch Feld und Wald, über Dorfstraßen und Gassen. Ob bei einer kurzen Auszeit vom Alltag oder einem längeren Aufenthalt, ein kulinarischer, krönender Tagesausklang ist das I-Tüpfelchen. Epen wartet hier mit einer einladenden Gastronomie auf. Zum Beispiel im Hotel-Restaurant Berg en Dal, das 2019 renoviert wurde. Reizvoll: der Anblick der rot-weißen Fensterläden mit Blumenschmuck und Sonnenblenden an der weißen Fassade. Es gibt Appartements und schöne Hotelzimmer zu mieten. Das Restaurant ist behaglich modern, in schicken Farben und mit adretter Möblierung gestaltet, sehr einladend, Aussicht inklusive. Die vordere Terrasse ist eine der komfortabelsten der Region. Der Vlaai, der niederländische Kuchen, schmeckt köstlich. Hinten heraus wartet der Garten mit Sitzgelegenheiten und eben diesem Berg- und Talblick, für den der Fachwerkort Epen bekannt ist. Epen liegt auf dem südlichsten Punkt im Grenzgebiet Belgien, Deutschland und der Niederlande. Die Eperheide ist ein Paradebeispiel für den Reiz dieses Fleckchens. Von der Höhe aus blickt man in der Ferne auf die mächtige Wasserburg Beusdael, eines der prächtigsten Schlösser weit und breit. Einen guten Blick hat man zum Beispiel von der großen Terrasse des Hotel-Restaurants Gerardus Hoeve, das auf dem höchsten Punkt des Mergellandes steht. In Epen existieren noch zwei Mühlen. Die Volmolen steht am Plaatweg 1, wurde ehemals für die Tuchherstellung betrieben und ist seit 1872 eine reine Kornmühle; sie ist heute noch in Betrieb und kann besichtigt werden. In der Wingbergermolen ist eine gemütliche Taverne eingerichtet, in die Wanderer gern einkehren, um limburgische Gerichte und regionales Bier zu genießen.

bergendalepen.nl

Romantisches Hotel-Restaurant in den grünen Hügeln von Epen

Mechelen

Zauber des Mergellandes

93

Das bezaubernde Mechelen besticht durch seinen schönen Dorfkern, mit typischen Häusern im limburgischen Stil. Zahlreiche „Eetcafés" und Restaurants an der Hauptstraße laden zum Verweilen ein, wie das De Oude Brouwerij (anno 1782) mit lauschigem Innenhof, in den man einfach auch mit dem Rad hineinfahren kann. Oder das urige 't Pintje, eine der ältesten Bierkneipen Limburgs (aus dem Jahr 1883). Ausflügler haben die Wahl, in welchen Garten, auf welche Terrasse oder in welche lauschige Kaminecke sie sich setzen wollen. Sehenswert ist auch die Wassermühle De Commandeursmolen (1298) an der Hoofdstraat 105. Ein „Place to be" ist der Geulhof am Ortsrand von Mechelen. Dieses große Ausflugslokal mit schönem Interieur, Ferienwohnungen, Forellenzucht, großer Terrasse und Riesenspielplatz für die Kids liegt wunderschön in den Wiesengründen. Ein Trumpf ist sicherlich der lang gezogene Erker mit Blick auf die Natur, der auch im Winter zusammen mit dem offenen Kamin für einen wohligen Aufenthalt sorgt. Mechelen hat die meisten Fachwerkhäuser in ganz Süd-Limburg, die Hingucker schlechthin in der charaktervollen Landschaft des Hügellandes. Sie sind aufgrund ihrer stabilen Bauweise mit schweren Pfählen und Pfosten gut geschützt vor äußerlichen Einflüssen, und vor allem stehen sie auf steinernem Boden, sodass das Holz nicht durch Feuchtigkeit angegriffen werden kann. Circa 300 bis 400 Jahre alt sind viele dieser wunderschönen Häuser und Höfe. Durch den Ort fließt der Mechelderbach und die Sint-Jan de Doperkerk thront auf dem Kirchberg. Dahinter liegt der Bauernhofkomplex De Heerenhof, der Ursprung Mechelens, an dem einst ein Johanniterorden ansässig war. Hügel, Wälder und Weiler bilden darüber hinaus ein Naturreich für herrliche Wanderungen.

Café-Restaurant in Mechelen von 1782

Die Rokokobibliothek von Rolduc

94

Die größte Abtei der Niederlande

Ein Besuch der Abtei Rolduc findet auf historischem Boden statt – 917 Jahre Geschichte. Um das eindrucksvolle Anwesen am Rande der Stadt Kerkrade in seiner ganzen Pracht zu erfassen, lohnt es sich, durch die Gebäude und über das Areal zu flanieren. Die riesigen Ausmaße der Abtei kann man beim Betreten des Vorhofes schon erahnen. Der Haupteingang liegt links von der Abteikirche im Westgiebel. In der Vorhalle führt eine monumentale Treppe aus Limburger Eiche aus dem 17. Jahrhundert in die oberen Räume (ehemals für Abt und Prior). Unter der Treppe hindurch gelangt man in den Kreuzgang. Geradeaus durch die Tür erreicht man den Innenhof (Pandhof). Dort hat man einen schönen Rundblick auf die Gebäude und die Abteikirche (Grabeskirche der Herzöge von Limburg) und kann im Garten-Café (bei schönem Wetter und nur am Wochenende) eine Pause einlegen. Im ersten Stock des etwa 130 Meter langen Ost- bzw. Fabritiusflügels (1754–1757) befinden sich die Rokokobibliothek und der Bischofssaal. Die Bibliothek wurde von dem italienischen Architekten und Stuckateur Joseph Moretti gestaltet. Er war neben Laurenz Mefferdatis und Johann Joseph Couven einer der bedeutendsten Barockbaumeister Aachens sowie der Region Maas-Rhein. Die Bibliothek kann nur im Rahmen einer organisierten Führung besichtigt werden sowie bei Lesungen und Konzerten. Ursprünglich umfasste sie zwei Stockwerke. In 20 Schränken stehen etwa 7.000 Bücher, das älteste stammt von 1515. In den Vitrinen liegen unter anderem Kopien von Urkunden aus dem 12. und 17. Jahrhundert (Papst Callixtus II., Averbodebijbel und der Atlas Blaeu). Beim Orlando Festival im Sommer wird wegen der guten Akustik auch in der Bibliothek musiziert. Die Abtei Rolduc liegt am Hertoglimburgpad, einem Wanderweg, der 140 Kilometer durch das ehemalige Herzogtum Limburg führt.

Bibliothek in der Abtei von Rolduc

St. Gerlach

95

Das Landgut in Houthem bei Valkenburg ist ein Gesamtkunstwerk

Houthem liegt offiziell an der Pilgerroute nach Santiago de Compostela. Im Heiligtum von St. Gerlach steht Pilgern auf dem Jakobsweg ein Übernachtungsplatz im neuen Houthem Refugio neben der prächtigen Klosterkirche zur Verfügung. Im 12. Jahrhundert lebt in Houthem der Ritter Gerlachus. Durch den jähen Tod seiner Frau völlig niedergeschlagen, ändert er sein Leben grundlegend. Er geht auf Pilgerfahrt nach Rom und nach Jerusalem. Als er 1157 auf sein Landgut in Houthem zurückkehrt, verkauft er seinen Besitz und verteilt das Geld unter die Armen. Er selbst dagegen wählt als Bleibe eine große, hohle Eiche, wo er betet und sich nur von Brot und Wasser ernährt. Das machte großen Eindruck auf die Bevölkerung, die in ihm schon bald einen Heiligen sah. Die Kirche ist ein kleines Meisterwerk im Stil des Spätbarocks (1720–1727) mit wunderbaren Fresken (1751) des aus Regensburg stammenden Malers Adam Schöpf. Das Mausoleum des heiligen Gerlachus befindet sich in der Mitte des Kirchenschiffs. Zum Landgut St. Gerlach gehören heute neben der Kirche, der Kapelle und dem ehemaligen Kloster, der Pachthof (das heutige Hotel Château St. Gerlach) sowie der Schlossbau (die ehemalige Propstei, heute Restaurant des Hotels) und fünf Hektar Land.
In der Parkanlage ist einer der schönsten Skulpturengärten im Dreiländereck frei zugänglich. Der Pachthof in seinem markanten bordeauxroten Gebäudeensemble wirkt durch die vier Eckpavillons und das mächtige Mansarddach wie ein Palast. Er wurde 1759 von Johann Joseph Couven entworfen.
Aktuelle Öffnungszeiten der Kirche, siehe Website.

st-gerlach.nl

Oben und unten: Open-Air-Skulpturenkunst in der Parkanlage von St. Gerlach

Icecarving in Valkenburg

96

Ein echt cooler T(r)ip ins erste Eismuseum der Niederlande

Seit dem Sommer 2021 sind die Niederlande um ein Museum reicher. Das erste Pop-up-Eismuseum wurde in Schimmert bei Valkenburg eröffnet. Es ist das erste und einzige Eismuseum der Niederlande. Ein arktisches Ambiente für Leute, die kein Problem mit einer Temperatur von minus zehn Grad Celsius haben. So kalt ist es im Museum ständig. Hier kann man sich in einen Eisblock einfrieren lassen. Wollen Sie wissen, was ein Hünengrab mit Eis zu tun hat? Oder in einem echten Iglu sitzen? Phänomenal sind die lebensgroßen Eisskulpturen, die der niederländische Icecarving-Champion Sander Hurkens eigenhändig angefertigt hat. In dem 250 Quadratmeter großen Freezer dieser aktiven Eisskulpturenfabrik erfahren Besucher alles über das außergewöhnliche Naturprodukt, Eis ist ein einzigartiges Material. Bizarre Formen und fantastische Lichtbrechungen faszinieren und regen unsere Fantasie an. Aber wussten Sie, dass Flammen einen Eisblock glasklar werden lassen? Oder, dass ein Eisblock unsere Kreativität und Teamfähigkeit steigert? Hier erlebt man, wie sich ein Eisblock unter Sander Hurkens Händen verändert und zu einem Kunstwerk wird. Eisskulpturen sind ein weltweiter Kunsttrend. Und nachhaltig. Reststücke Eis werden geschmolzen, und Skulpturen kehren in den meisten Fällen ins Grundwasser zurück. Sander Hurkens und Pim Gerardts skulptieren schon seit 30 Jahren Eis-Kunstwerke für das In- und Ausland, für Events, Feste und Partys. Unglaubliche Szenarien aus Eis setzen klasse Show-Effekts bei allen möglichen Events. Neben der Eisproduktion, die mit viel Enthusiasmus der Öffentlichkeit vorgeführt wird, und der Skulpturenherstellung werden auch Icecarving-Workshops angeboten. Das Eismuseum ist eine einzigartige touristische Bereicherung, mit eigener echter Eisbahn.

icecarving.nl

Eiswelten voller Kunstwerke in Valkenburg

Die geheimen Gärten von Sittard

97

24 Kleinode mit Geschichte

Vom komfortablen unterirdischen Odaparking gelangt man ganz schnell in die Altstadt von Sittard. Man geht auf die Umwallungsmauern der Stadt zu, von denen noch zwei Drittel erhalten sind. Über den Brüstungen und Gräben ragen die Turmspitzen auf wie am Dominicanenwal und Begijnenhofwal. Es sind die schönen alten Gassen des Klosterviertels, die Sittard so romantisch ruhig machen, nur wenige Hundert Meter weit weg vom Markt mit seinem ausgeprägten geselligen Leben, wo ein kulinarisches Potpourri inbegriffen ist. Doch auch in der Altstadt ist es angenehm. Der Genuss geht mit Nonchalance einher. Die Limburger verstehen es, gut zu leben. Im und um das alte Stadtzentrum herum gibt es diverse, öffentlich zugängliche Gärten, Parks und Grünanlagen: verlorene, in Vergessenheit geratene Juwelen. Diese Juwelen formen gemeinsam ein Tableau Vivant der Historie der Stadt. Sie erzählen uns eine Geschichte. Die Volksgärten an „de Gats" werden mindestens seit Ende des 17. Jahrhunderts ununterbrochen als Stadtgärten genutzt. Damit stellen sie in den Niederlanden und wahrscheinlich auch in Europa ein einzigartiges kulturelles Erbe dar. Insgesamt sind es 24 Gärten. Der Ursulinengarten war ursprünglich Teil der Befestigungsanlage. Gleichzeitig erzählt er die Geschichte der Ursulinen, die sich dort 1843 niederließen. Zwei gegenüberliegende Gärten, der Jardin d'Isabelle und der Cour Solanus, der Sonnengarten, sind Schmuckstücke des renovierten Klosterviertels von Sittard. Der Sonnengarten, ein französischer Garten, macht seinem Namen alle Ehre, vor allem, wenn die Morgensonne ihn in ein orangegelbes Licht taucht und auf der prächtigen Fassade des ehemaligen Klostergebäudes glitzert. Der Jardin d'Isabelle erzählt von einer unglücklichen Liebesgeschichte zwischen einem Dichter und einer Arzttochter. Ein weiteres Gartenbeispiel ist der Wallfahrtsgarten Mariapark. Er liegt ganz versteckt hinter dem Kreuzgang der Kirche Onze Lieve Vrouwe van het Heilig Hart am Oude Markt.

insittardgeleen.nl

Sonnenbeschienenes Ensemble eines ehemaligen Klostergebäudes in Sittard

Das Klosterviertel von Sittard

Hidden Gem

98

Ein Streifzug durch das mittelalterliche, komplett renovierte Viertel offenbart unter anderem wundervoll gestaltete Architektur und Lebenskunst in Form einer Gastronomie der Extraklasse, ein Hidden Gem, ein verborgener Schatz. Zwischen Dominicanenwal, Kerkepad, Oude Markt und Paardestraat stehen mächtige Klostermauern wie die des Dominikanerklosters oder des Ursulinenklosters, dazu die Basilika unserer Lieben Frau des Heiligen Herzens sowie die Sankt Michaelskirche. Erstes Haus am Platz ist das Hotel Merici (in die Gebäude des ehemaligen Ursulinenklosters integriert), benannt nach Angela de Merici, der Stifterin des Ursulinenordens, der hier zwischen 1843 und 1946 ansässig war. Zum Hotel gehört seit 2021 eines der originellsten Restaurants der Region, das George's, am Cour Solanus (siehe Ort 97) am Kerkepad gelegen. Hier war das Jesuiteninternat untergebracht. Das Restaurant befindet sich im fünf Meter hohen alten Speisesaal. Und das Küchenteam erhält im wörtlichen Sinne ein Podium, denn die Küche liegt offen und erhöht auf einer Empore. Auch die sanften Farben, die schon damals in den Klosterräumen verwendet wurden, sind in das Interieur zurückgekehrt: zarte Blautöne, Gelb und Beige. Bei der aufwendigen Renovierung wurden Originalelemente freigelegt wie die Balkendecke und prächtige, gusseiserne Ornamente. Vom Restaurant aus gibt es einen direkten Anschluss an das Hotel und dessen Gewölbekeller, in dem sich eine Brasserie befindet sowie ein schöner Garten, in beiden kann man jeweils auch nur einen Kaffee und ein Stück extra leckere Limburger Vlaai genießen. Ein Konzept mit Komfort und Klasse für jedermann. Ein neues Haus der besonderen Güte ist das DoubleTree by Hilton, das im Dezember 2021 eröffnete. Das erste Hilton in den Niederlanden außerhalb der Ballungsräume der Großstädte. Auch hier hat man ein altes Gebäude, nämlich das ehemalige bischöfliche Kollegium an der Parklaan im Zentrum, renoviert. Es stammt aus dem Jahre 1908.

restaurant-georges.nl

Klasse Architektur im stilvollen Restaurant Georges

Chic in Wyck

Grandezza im alten Stadtviertel Maastrichts

99

Bahnhofsviertel haben generell nicht gerade den besten Ruf. In Maastricht ist das jedoch ganz anders. Nicht nur diejenigen, die mit dem Zug nach Maastricht fahren (warum eigentlich mal nicht) sollten sich das traditionsbeladene Maastrichter Viertel Wyck auf der der City gegenüberliegenden Seite der Maas nicht entgehen lassen. Charme und Chic lassen sich hier aufs vortrefflichste genießen. Beim Flanieren fällt der Blick nicht nur auf die architektonische Vielfalt der prächtigen Gebäude, sondern auch auf fesche Boutiquen, Foodläden, stylische Bistros, Kunstgalerien, internationale Restaurants und Edelmarken. Hier schaltet man automatisch einen Gang zurück, alles geht etwas gemächlicher zu als in der vibrierenden City. Man kann nach Herzenslust in kleinen und originellen Läden stöbern (Kaufhäuser und Ladenketten sucht man hier vergebens), auf den Terrassen relaxen und sich ebenfalls mit einem fantastischen Blick auf die Maas und die Silhouette des Zentrums mit ihren Kirchtürmen verwöhnen. Gegenüber dem Bahnhofsgebäude aus dem Jahre 1914, das ein schönes Beispiel holländischer Neorenaissance darstellt, erblickt man die Fassade des Amrâth Grand Hotel de l'Empereur (Stationsstraat 2), das so etwas wie ein Nationaldenkmal ist. Das eklektische Gebäude mit seinem markanten runden Eckturm, der Jugendstilornamentik und der auffälligen Balkonführung stammt aus dem Jahre 1902. Das nostalgische Grand Restaurant de l'Empereur mit seinen großen Bleiglasfenstern und den charakteristischen, authentischen Markisen ist schon seit über 100 Jahren ein bekannter „Place to be" an der Ecke Stationsstraat/Parallelweg. Überhaupt findet man in diesem Viertel verschiedenste Architekturstile von historischen Stilrichtungen bis zur traditionellen Maastrichter Bauweise. Ein Paradebeispiel für diese Architektur ist die Straße Wilhelminasingel, die die Stationsstraat kreuzt. Auf der Kreuzung steht das Marienmonument, eine grazile Säule, zu deren Füßen vier Maastrichter Bischöfe – St. Servaas, St. Lambertus, St. Monulphus und St. Hubertus – dargestellt sind.

amrathhotelempereur.nl | vvvmaastricht.eu

Mitten in Wyck, ein Trendviertel in Maastricht

Maastrichts Stationsstraat

100

Eine eigene Version der berühmten Ramblas geplant

In Wyck ist das gute Leben zu Hause. Auf der Stationsstraat und der Wycker Brugstraat reihen sich Cafés, Hotels und Restaurants aneinander. Bäume bieten ein schönes Ambiente, und der Mittelstreifen bietet sich geradezu in idealer Weise an, um dort Tische und Stühle aufzustellen und diesen Freiraum kulinarisch-gesellig mit südländischem Touch zu genießen. Da ist es gar nicht so weit hergeholt, wenn die Gastronomieunternehmer des Viertels sich auf die Fahnen geschrieben haben, hier ihre Version der berühmten Ramblas von Barcelona als Pilotprojekt auf die Beine zu stellen. Dazu kommt der Wycker Bazaar, ein gastronomischer Hotspot zwischen der Rechtstraat und der Wycker Grachtstraat, versteckt hinter alten Fassaden integriert. Die Stationsstraat glänzt vor allem auf der rechten Seite mit wunderschönen, weiß getünchten Fassaden ihrer dreigeschossigen Stadthäuser, mit Balustraden und verzierten Balkonen. Geht man nun die Stationsstraat weiter Richtung Maasufer, dann wird das Viertel zu einer Bühne der Lebensfreude mit Terrassencafés, in denen sich vortrefflich rasten lässt. Unübersehbar auf der Ecke der sich anschließenden Wycker Brugstraat 2 ist seit 1912 das über hundertjährige Hotel Beaumont, ein traditionsreiches und in vierter Generation familiengeführtes Hotel. 130 Zimmer in vier verschiedenen Kategorien beherbergt dieses beeindruckende Bauwerk. Dem Restaurant des Hotels, dem Harry's, mit offener Küche, Salon mit glasverzierten Oberlichtern und schwerem Messingkronleuchter, verlieh der britische Architekt David Chipperfield die authentische Ausstrahlung. The Founders Bar steht in der Tradition der Bars in London und Paris der 1920er-Jahre. Die Wycker Brugstraat verläuft bis an die Maas und die alte Sint-Servaas-Brücke, über die man in die City gelangt. Die Wycker Brugstraat wird von der Rechtstraat gekreuzt, in der man viele kleine Boutiquen und Läden findet. Über den Stenenwal an der Maas entlang bietet ein Spaziergang Richtung Sint-Servaas-Brücke und wiederum zur Wycker Brugstraat/Stationsstraat zurück neue, inspirierende Eindrücke.

beaumontmaastricht.com | wyckbazaar.nl

Ein Bahnhofsstraße mit Charme

Mein besonderer Dank gilt:

Dr. Tim Grüttemeier, Städteregionsrat
Axel Wirtz, 1. Stellvertreter des Städteregionsrats
Christian Altena, Stadtarchivar Stolberg
Dr. Horst Schmidt, Stadtarchivar Eschweiler
Alfred Raimund, Heimatmuseum Alsdorf
Hartmut Heinze, Unesco-Club Aachen, Führungen und Tipps
Margot Vanek, Schlangenberg Stolberg
Catharina Scholtens, Herzogenrath, Rolduc
Carolin Schulzen, Grenz-Echo Verlag Eupen (B)
Ronny Luyckx Visit Limburg (B)

Bildnachweis:

Alle Bilder © Rolf Minderjahn
mit Ausnahme von

S. 15 oben © Städteregion Aachen

S. 17 oben © Städteregion Aachen

S. 139 © Forellenzucht Mohnen

S. 185 © Luc Daelemans Visit Limburg

S. 187 © Luc Daelemans Visit Limburg

S. 201 © Catharina Scholtens

S. 205 © Icecarving.nl, Mike Fire Photography

S 214-215 © Kurt Vandeweert Visit Limburg

Neuer Radweg über Stelen bei Maasmechelen

Wir hoffen, dass dieses Buch Ihren Erwartungen gerecht wurde!
Bitte teilen Sie uns Ihre Anmerkungen oder Kritik mit.
Wir freuen uns über jede Anregung und jeden Verbesserungsvorschlag.
Der Austausch mit unseren Leserinnen und Lesern liegt uns am Herzen.

GEV

Marktplatz 8 - BE-4700 Eupen
Tel. 0032 (0)87 59 13 03
buchverlag@grenzecho.be
www.gev.be